Contos D'Aruanda

E Algumas Mensagens de Fé, Paz e Evolução

André Cozta
Ditado por Pai Thomé do Congo

Contos D'Aruanda

E Algumas Mensagens de Fé, Paz e Evolução

© 2022, Madras Editora Ltda.

Editor:
Wagner Veneziani Costa

Produção e Capa:
Equipe Técnica Madras

Revisão:
Silvia Massimini Felix
Arlete Genari
Francisco Jean Siqueira Diniz

Dados Internacionais de Catalogação na Publicação (CIP)
(Câmara Brasileira do Livro, SP, Brasil)

Congo, Pai Thomé do (Espírito).
  Contos D'Aruanda e algumas mensagens de fé, paz e evolução / ditado por Pai Thomé do Congo ; [psicografado por] André Cozta. -- São Paulo ; Madras, 2022.

  ISBN 978-85-370-0896-6

  1. Psicografia 2. Umbanda (Culto) I. Cozta, André. II. Título.

14-00792   CDD-299.672

Índices para catálogo sistemático:
1. Mensagens mediúnicas psicografadas : Umbanda : Religiões de origem africana   299.672

É proibida a reprodução total ou parcial desta obra, de qualquer forma ou por qualquer meio eletrônico, mecânico, inclusive por meio de processos xerográficos, incluindo ainda o uso da internet, sem a permissão expressa da Madras Editora, na pessoa de seu editor (Lei nº 9.610, de 19.2.98).

Todos os direitos desta edição reservados pela

MADRAS EDITORA LTDA.
Rua Paulo Gonçalves, 88 — Santana
CEP: 02403-020 — São Paulo/SP
Caixa Postal: 12183 — CEP: 02013-970
Tel.: (11) 2281-5555 — Fax: (11) 2959-3090
www.madras.com.br

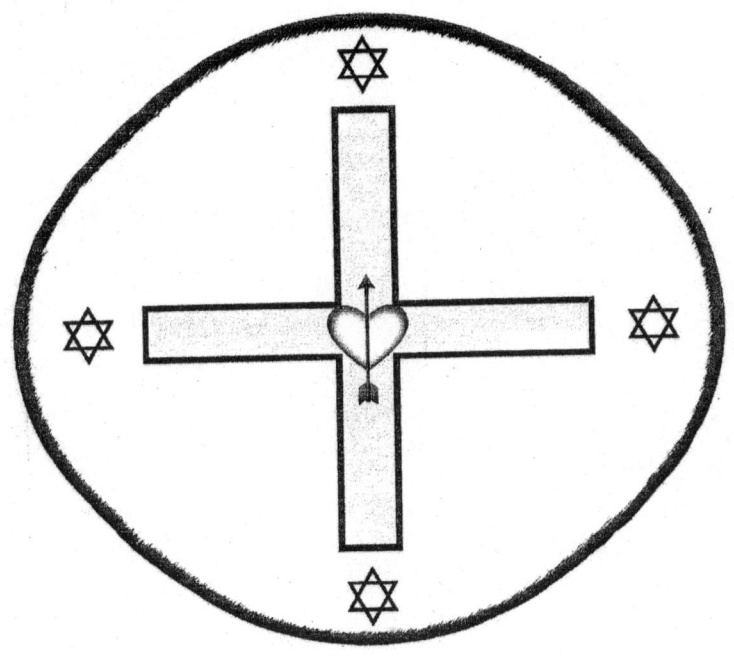

"Não há equilíbrio sem estabilidade,
não há estabilidade sem equilíbrio,
não há evolução sem justiça,
não há justiça sem evolução."

Mestre Rhady

Índice

Prefácio 9
Introdução 11
Mikael 13
O Canto da Sereia Negra 25
Sintonia Vibratória 79
O Brilho da Lua 83
Mensagem aos Filhos de Umbanda 101
Aprisionado pelo Medo 103
Evolução em Família 111
O Anjo Mulher 115
Um Retorno... 129
Abolir o Preconceito é Promover a Inteligência .. 135
Leonor 137
Banho de Humildade 165
Do Alto Daquela Montanha 173

Prefácio

A obra que André Cozta nos apresenta é mais um sinal dos novos tempos para aqueles que acreditam que todos têm uma missão a cumprir – mesmo que não saibam qual – e, em particular, para os que carregam dentro de si o axé de Aruanda.

André, vindo da terra do 'Batuque', inicia o resgate de muitos de seus percalços, erros e culpas com esta obra que traz a sabedoria dos antepassados sob a forma de contos, crônicas e mensagens recebidas das 'luzes' de Aruanda, para nos realinhar aos verdadeiros propósitos da vida nesta Terra.

São textos muito próximos que lembram nossas próprias caminhadas, memórias do que vivemos, escutamos e, (in)conscientemente, deixamos para trás. André Cozta e estes "Contos D´Aruanda" nos permitem refletir sobre onde estamos, o que fizemos, somos e podemos ser. Sinalizando, enfim, os novos tempos...

Tempo de conexão com os fundamentos, pilares e assentamentos contidos na história – e nas estórias! – que nos conectam aos lugares percorridos, por meio do livre caminhar ou imposto pelos grilhões que, em algum momento, nos aprisionaram e insistem em nos marcar.

Tempo de colheita das lindas flores e belos frutos germinados das semeaduras feitas de dores, tristezas, desesperanças, lágrimas e sangue... muito sangue! Que, para a incredulidade dos algozes, nos tornou fortes, sabedores da justiça divina, com sua misericórdia infinita.

Tempo de mudança, de compreendermos nossa missão e transformarmos em caminho de vida a luta contra as injustiças, preconceitos e segregações, ainda tão presentes no seio das nações, povos e indivíduos.

TEMPO DE SER DONO DO ORÍ! De aprendermos os mistérios abertos e revelados; de nos unirmos ao Divino, sendo trabalhadores em sua obra.

Que André Cozta e seus Mestres sempre nos abençoem com estes e outros "Contos"!

E que haja Luz, Amor e Paz em toda Terra e dentro de ti, meu irmão André.

Jorge Ricardo D. Pereira
Arquivista/historiador, especialista em
Documentação Científica e Tecnológica;
umbandista e espiritualista ieveano (IEVE – Irmandade
Espiritualista Verdade Eterna)

Introdução

Salve todos os filhos desta Terra!
Negro Velho vem trazer uma rápida mensagem, especialmente aos umbandistas (adeptos, médiuns e dirigentes).
Meus filhos, tenho visto as pessoas direcionarem seu tempo, boa parte de suas vidas, para as coisas materiais. Não que elas não sejam importantes, mas é preciso que saibam que tudo o que Deus nos dá é para ser usado em equilíbrio.
Os filhos devem cuidar do corpo, mas também devem cuidar da mente e do espírito.
Muito facilmente, os filhos se deixam tomar pela vaidade e é isso que faz com que se afastem cada vez mais dos propósitos firmados na espiritualidade e da verdadeira finalidade da vinda a este plano da vida, que nada mais é do que um privilégio concedido por nosso Pai Maior e Divino Criador e parte fundamental na jornada evolutiva.
Muitas pessoas procuram as religiões, especialmente os terreiros de nossa Umbanda Sagrada, querendo progredir materialmente, adquirir maiores ganhos financeiros, promoções profissionais, comprar carros, casa.
Sem equilíbrio entre o espírito e a matéria, os filhos se perdem e, se conquistam vitórias materiais, pouco ou nada conquistam espiritualmente.
Negro Velho propõe que cada filho umbandista reflita sobre isso. Pensem no que estão fazendo com vossa espiritualidade. Pensem na eternidade dos vossos espíritos.

As Casas de Umbanda devem ser os templos onde os filhos vão para sintonizar com seus Orixás, Mestres, Guias Espirituais e Anjos de Guarda, para que possam seguir, cada um, em paz no cumprimento de suas missões neste plano da vida.

Façam isso, procurem manter-se sintonizados com vossa espiritualidade, deixem-se guiar por ela e verão que somente com equilíbrio se conquista a plenitude.

Este livro quer levar aos filhos umbandistas, por meio de mensagens e contos, palavras de fé, paz, evolução e confiança na vida.

Negro Velho espera que as mensagens aqui deixadas penetrem em vossos corações e almas, banhando-os com a luz emanada por Deus.

Desejo que nosso Sagrado Pai Oxalá abençoe a todos!

SARAVÁ!

Pai Thomé do Congo

Mikael

Andando pelo centro daquela cidade, Mikael observava a beleza daquelas construções históricas.

Pensou: "Milhares de pessoas passam por aqui diariamente e não percebem que estão 'passeando por um pedaço da história do Brasil'. Eu gosto deste lugar. Gostaria de fazer algo aqui, neste espaço, nestes prédios".

A tarde caiu, a noite chegou. Aquele fora um dia nublado e frio.

Mikael nascera no Brasil, mas fora criado em Paris por sua mãe, uma francesa.

Foi para lá aos 3 anos de idade, após a morte de seu pai, um jogador de futebol, assassinado em circunstâncias estranhas. Desesperada e desiludida, sua mãe decidiu voltar à terra natal e levou consigo seu único filho, a lembrança viva dos anos maravilhosos que passara no Brasil. Mesmo assim, fizera questão de aproximar Mikael de seu país.

Quando o menino completou 7 anos, contratou uma professora particular de língua portuguesa.

Quando ele completou 13 anos, fez questão de dar de presente ao filho a primeira visita à sua terra natal.

Aos 20, Mikael veio sozinho ao seu país de origem. E, aos 27 anos de idade, após a morte de sua mãe na França, decidiu mudar-se e ir ao encontro de suas raízes.

Já estava com 35 anos. Era chamado de gringo por muitos; não perdia o sotaque francês, mas, para ele, tudo isso era irrelevante; afinal, era brasileiro. E gostava, orgulhava-se disso. No Brasil, despertou seu gosto pela arquitetura, graduando-se mais tarde.

Continuou andando pela rua, olhou para o céu, viu nuvens. Provavelmente, choveria logo em seguida. E pensou: "Vou para casa, antes que comece a chover".

Olhou para o alto e viu um homem... um homem alado, negro, forte, que passou voando rapidamente e sumiu.

Desde então, não conseguiu parar de ver aquela imagem à sua frente.

Chegou em casa, tomou banho, fez uma rápida refeição e foi para seu quarto. Deitou-se, ligou a televisão, mas não conseguiu se concentrar. Desligou a TV, tentou dormir... o que não demorou muito a acontecer.

Rapidamente sonhou. No sonho, estava em uma praia linda, paradisíaca, como nunca vira antes.

Atrás das dunas, uma pequena floresta. Em determinado recanto da praia, uma falésia enorme. O sol brilhava como nunca. Continuou ali, olhando para o mar e, de repente, viu uma sereia ao longe, em alto--mar, sair da água e rapidamente mergulhar novamente. Olhou para a falésia e viu... o Anjo Negro que havia visto horas antes, em pé, com suas asas eretas e reluzentemente brancas, com uma espada na mão esquerda e um machado de duas faces na mão direita. Não conseguia parar de olhar para o anjo. O anjo fixava, mesmo a distância, seu olhar no fundo dos olhos de Mikael. Isso fez com que ele se sentisse como uma criança, como um bebê.

Acordou assustado no meio da noite, com a garganta seca. Foi à cozinha, bebeu água e voltou para a cama. Ficou pensativo, não sabia o que estava acontecendo. Naquela noite não conseguiu mais dormir.

No dia seguinte, Mikael não conseguiu parar de pensar na noite anterior. Aquela visão, aquele sonho... por que isso estava acontecendo com ele? Sempre foi agnóstico. Sempre respeitou as crenças populares, as religiões, apenas isso. Nunca rezou, sempre pensou depender de si mesmo para conseguir tudo o que almejou na vida, sempre achou que conseguiria tudo andando com as próprias pernas. Nunca entendeu por que as pessoas se apegavam ao invisível. Para ele, a solução para tudo estava dentro de cada um.

Agora, contrariando tudo em que sempre acreditou, na mesma noite, viu um anjo rasgando o céu e sonhou com ele em seguida. Pensou: "Só posso estar ficando maluco, não há outra explicação para isto!". Continuou refletindo, a noite caiu. Concluiu: "Vou procurar por Andrea, ela, com certeza, pode ajudar-me".

Andrea, psicóloga, amiga de Mikael desde sua chegada ao Brasil, fora sua colega em seu primeiro trabalho no país onde nascera.

Naquela noite, Mikael dormiu um sono profundo. Acordou no dia seguinte, tomou seu habitual café da manhã com suco de laranja e frutas. Após a refeição, pegou celular e ligou para Andrea.

– Alô... Andrea?!

– Não acredito!!!!!!! Meu francesinho, por onde você andava? Quanto tempo!

– Tenho andado muito atarefado. Andrea, preciso conversar com você, aconteceram coisas estranhas comigo. Na noite passada...

Andrea o interrompeu:

– Querido, venha até meu consultório hoje após o almoço, estou com um horário livre e posso atender você, podemos conversar à vontade.

– Obrigado, Andrea, estarei aí.

À tarde, Mikael foi recebido por Andrea, que o aguardava sozinha no consultório. Ela deu um longo e afetuoso abraço no amigo e disse:

– Meu querido, quanto tempo! Mais de um ano sem te ver! Ai, que coisa boa estar aqui contigo!

– É verdade, Andrea. Muitas vezes nos distanciamos dos amigos sem perceber.

– Mas me conte, Mikael, o que está incomodando você? Está com um ar de assustado.

– Andrea, na noite passada, vi um anjo. Mais tarde, sonhei com esse mesmo anjo, em uma praia, olhando-me. Seu olhar era intrigante e, ao mesmo tempo, fazia sentir-me como quando eu era criança: aprontava alguma e minha mãe me olhava, repreendendo-me.

Andrea, sentada à frente de Mikael, de braços cruzados, sorriu e disse:

– Mikael, meu querido amigo, em poucas palavras: você está muito solitário e, por isso, tem se voltado para seu interior. Sei que você é um homem caseiro, que não gosta muito de ficar na rua, mas precisa sair mais, distrair-se, conhecer gente nova, conhecer meninas...

– Andrea, eu sempre gostei de viver assim. É verdade que, depois da morte de minha mãe, fiquei muito sozinho no mundo. Mesmo morando no Brasil há quase dez anos, ainda sou sozinho, vivo sozinho na maior parte do tempo.

– Você precisa de companhia, Mikael, deve dividir sua vida com alguém.

– É, Andrea, talvez você tenha mesmo razão.

Mikael estava cabisbaixo. Depois, levantou a cabeça, olhou para Andrea e disse:

– Vou pensar seriamente no que você me falou. Acho que é hora de mudar de atitude mesmo.

– Conte comigo, francesinho, sempre que precisar.

Mikael sorriu e disse:

– Eu sei disso. Muito obrigado por tudo.

– Não há o que agradecer, Mikael, amigos são amigos! E, por serem amigos, estarão perto de nós sempre que precisarmos.

Mikael sorriu e levantou-se, Andrea também. Eles se abraçaram, Andrea o acompanhou até a porta do consultório. Mikael beijou a face de Andrea e disse:

– Tchau, Andrea!

– Até mais, Mikael!

Mikael, andando pela rua sem destino, começou a pensar novamente em tudo. Andrea era sua amiga do coração, mas agora, ele tinha mais questionamentos. Chegou em casa, ligou para alguns amigos, viu *e-mails*, conversou com algumas pessoas em um *chat*. Foi tomar banho.

Já era noite quando, após o banho, Mikael ligou a TV de seu quarto, deitou-se e começou a zapear, procurando algum programa para passar o tempo. Sentiu sono e cochilou.

A janela de seu quarto estava aberta. A noite era quente, mas, de repente, um vento rápido e forte levantou a cortina e um raio de luz adentrou o quarto de Mikael. Em uma fração de segundos, a luz tomou forma de anjo.

O Anjo Negro estava, naquele momento, ao lado de Mikael, observando-o dormir.

O Anjo passou a mão direita sobre os olhos de Mikael, que acordou instantaneamente. Ele ficou estático, paralisado, sem saber o que fazer. O Anjo estendeu a mão direita, pegou na mão de Mikael, que continou paralisado, olhando para aquele Anjo Negro, que, com sua voz rouca, disse:

– Venha comigo...

Mikael acordou em um lugar diferente, paradisíaco. Estava em uma cidade linda e enorme, no alto de uma montanha. Era a montanha mais alta que já havia visto, pois ultrapassava as nuvens.

O Anjo Negro estendeu-lhe a mão, ajudando-o a levantar-se. Ele (mal acreditando no que estava vendo e vivendo, pensando estar sonhando) coçou os olhos e perguntou:
– Onde estou? Que lugar é esse? Quem é você?
– Eu, meu filho, sou seu Pai!
– Como assim?
– Sou seu Pai. Sou quem orienta e guia você.
Gaguejando, Mikael perguntou:
– C-como assim?
– Sou seu Orixá.
– Orixá... o que é isso?!
– Meu filho, é fundamental agora que saiba que cuido de você, protejo você, mostro os caminhos. Está certo que nem sempre os seguiu, mas nem por isso eu o abandonei. Estou sempre por perto, guiando-o.
– Estou começando a entender, mas, mesmo assim, quem é você? Qual é seu nome?
– Está bem, se isso é tão importante para você, Mikael, meu nome é Xangô. Alguns me chamam de Xangô Aganju, pois esse é o nome que os seguidores dos cultos de origem Nagô me deram. Mas também me chamam, no lugar onde você vive, de Xangô das Almas, Xangô da Terra e até de Xangô da Calunga.
Mikael ainda se sentia um pouco confuso, mas também sentia uma paz e uma segurança como nunca sentiu em outro momento em sua vida. Seu coração começou a apertar e, em seguida, foi tomado por uma alegria imensurável. Sentiu suas pernas amolecerem, seus ombros ficarem leves e, quase que involuntariamente, ele se ajoelhou e começou a chorar copiosamente.
O Sagrado Pai Xangô, com a mão direita, passou seu machado de duas faces sobre a cabeça de Mikael e estendeu-lhe a mão; ele se levantou ainda enxugando as lágrimas, olhou para seu Pai e disse:
– Para onde vamos?
Olhando no fundo dos olhos de Mikael, ele respondeu:
– Vamos passear pelo Reino, meu filho, venha conhecer minha morada... que também é sua!
E ambos saíram a passear por aquela cidade.
O sol brilhava, um brilho muito mais intenso do que qualquer dia de sol visto por Mikael em toda a sua vida. E o mais curioso: o sol brilhava, mas não queimava. Mikael não suava, não sentia calor nem frio.
Continuaram a caminhar; Mikael não parava de olhar para a vegetação do lugar, nunca havia visto tanto verde... um verde intenso e vivo.

Aproximaram-se de um castelo.

O Sagrado Orixá estendeu com a mão direita o machado sobre o peito de seu filho, que, sem perguntar ou falar qualquer coisa, entendeu e parou. Virou-se para Mikael e falou:

— Agora, meu filho, você vai conhecer meu castelo. É daqui que eu, com a contribuição dos anjos e samaritanos que aqui labutam, trabalho para proteger e abrir caminhos para você e todos os seus irmãos.

— Sim, mas quem são meus irmãos?

— São muitos, meu filho; milhões que vivem na Terra sob minha proteção e minha tutela.

Mikael não falou nada, apenas olhou no fundo dos olhos do Sagrado Orixá e percebeu que não precisava falar, que poderia comunicar-se pelo olhar com seu Pai.

E o Sagrado Pai Xangô disse:

— Exatamente, meu filho, agora, aqui comigo, você pode entender tudo olhando meus olhos, pois os olhos são o espelho da alma. Mas, quando não estiver comigo e não puder me olhar, você ouvirá o que tenho a dizer.

— E como farei isso?

O Orixá sorriu e disse:

— Você saberá, na hora, você saberá. Agora vamos.

O Orixá cruzou os braços sobre o peito, mantendo na mão direita o machado de duas faces e na mão esquerda sua espada de ouro e, instantaneamente, abriu-se a porta do castelo. A abertura da porta mostrou dois soldados que, do lado de dentro, esperavam a chegada do Rei. Os soldados, também anjos, possuíam asas brancas e reluzentes, porém menores que as do Sagrado Xangô Aganju.

— Venha, meu filho, entre na morada de seu Pai, que também é sua.

Adentraram o castelo. Mikael, perplexo, boquiaberto, pensou estar sonhando e que poderia acordar a qualquer momento.

— Você não está sonhando, meu filho! Está aqui comigo, pois chegou o dia da revelação.

— Revelação?

O Sagrado Pai Xangô nada respondeu, continuou a caminhar e Mikael o seguiu. Aproximou-se de um trono, que estava sendo guardado por outros dois soldados anjos, sentou-se, colocou seu machado em um apoio ao lado direito e a espada em uma bainha ao lado esquerdo do trono. E começou a falar:

— Mikael, meu filho, você finalmente chegou aqui, porque precisa saber algumas coisas que não sabe sobre si mesmo.

Mikael nada falou, apenas sacudiu a cabeça, lenta, discreta e afirmativamente. O Orixá prosseguiu:

– Eu cuido de você, guio você, oriento sua vida. Você precisa saber, meu filho, que está chegando a hora de cumprir sua missão nesta vida.

O Orixá olhou para o anjo-soldado que estava a seu lado direito e disse:

– Traga o amuleto preto e branco.

Imediatamente, o soldado trouxe o amuleto e entregou-o a Mikael.

Ele olhou para o anjo-soldado que estava a seu lado esquerdo e nada falou; o soldado retirou-se e voltou em poucos instantes com um amuleto vermelho e preto.

Mikael, segurando o amuleto preto e branco na mão direita e o vermelho e preto na mão esquerda, então perguntou:

– Meu Pai, qual o significado desses amuletos? Para que servem? O que devo fazer com eles?

– Mikael, meu filho, você carregará esses amuletos consigo até o último instante desta sua encarnação. Ambos serão minha representação em sua vida. O que você carrega na mão direita, irá me representar nos momentos em que você necessitar de esclarecimento, luz, harmonia, saúde, firmeza na cabeça e paz no coração. O que você carrega na mão esquerda, irá me representar na abertura de seus caminhos para as questões materiais, para protegê-lo na rua, de todas as mazelas do mundo carnal e das baixas vibrações que rondam o plano em que você vive.

Mikael continuou olhando seu Pai atônito, curioso e apaixonado. O Orixá prosseguiu:

– Meu filho Mikael, você não estudou arquitetura por acaso. Quando eu apareci para você pela primeira vez, naquele lugar, estava enviando-lhe um sinal. E esta é a parte mais importante da revelação: você usará de seus conhecimentos para melhorar ambientes como aquele e tantos outros e, também, a vida de pessoas necessitadas. Com meu machado e minha espada, apoiado pelas vibrações dos amuletos que me representarão em sua vida até o último instante, abrirei caminhos. E você, a partir de hoje, será um Soldado Arquiteto da Justiça Divina. Trabalhará, como bom filho de Xangô, buscando justiça para os necessitados e uma vida melhor para os desfavorecidos.

– Mas como farei isso, meu Pai?

O Sagrado Xangô sorriu e disse:

– Você saberá. Meu filho, agora você voltará para seu lugar e, de lá, iniciará essa bela jornada cumprindo tudo o que lhe foi passado antes de encarnar. Não aceitarei recuos. Não esqueça: um filho de Xangô deve seguir sempre a linha da justiça. E assim sendo, servirá de exemplo a seus irmãos.

De cabeça baixa e ajoelhado em reverência a seu Pai, Mikael disse:
– Sim, Senhor!

O Orixá olhou para os soldados e disse:
– Levem-no embora.

Mikael acordou em sua cama, sentiu-se leve como nunca antes, olhou para o lado direito do travesseiro e viu o amuleto preto e branco. Imediatamente, olhou para o lado esquerdo do travesseiro e viu o amuleto vermelho e preto. E pensou em voz alta:
– Meu Pai, o que será de mim a partir de agora?

O dia seguinte foi confuso para Mikael. Já à noite, em sua casa, refletiu sobre tudo o que havia acontecido. E pensou: "Foi um sonho? Achei tudo tão real!".

Ele não sabia o que pensar, então resolveu sair, beber, divertir-se.

Foi até um botequim e começou a beber. O tempo foi passando e Mikael, embriagando-se. Olhava as pessoas passando na rua, observava cada movimento daquele pedaço da cidade.

De repente, sentiu vontade de chorar, mas segurou a emoção.

Pôs a mão no bolso da calça e puxou o amuleto vermelho e preto. Não se lembrava de ter posto aquele amuleto no bolso. O amuleto emanou uma luz vermelha e, instantaneamente, Mikael olhou para a porta do bar e viu um homem sorrindo. Era um homem de cavanhaque e cabelos negros, olhar firme, sorriso largo. Telepaticamente, ele ouviu: "Venha comigo!".

Ele pagou a conta, levantou-se e saiu do bar.

Caminhava em direção à sua casa. O homem atrás dele começou a conversar telepaticamente: "É a mim que você vai acionar pelo amuleto vermelho e preto sempre que precisar. Sempre que estiver na rua e precisar de ajuda, estarei por perto. Aliás, sempre que você está na rua estou por perto, mesmo quando não me vê".

"Mas, quem é você?", indagou Mikael telepaticamente.

"Sou seu Exu, seu Protetor, seu Guardião", e deu uma gargalhada estrondosa.

Mikael, naquele momento, lembrou-se de quando seu Pai Xangô consagrou os amuletos e entregou-lhe.

Chegou em casa e percebeu que havia caminhado uma distância enorme sozinho (normalmente, pegaria um táxi) sem medo algum.

Ao chegar ao portão, olhou para trás e seu Guardião falou telepaticamente: "Tá entregue, criança!".

Mikael sorriu para o guardião e entrou em casa. Sua tontura, resultante do que havia bebido, desaparecera parcialmente.

Já em seu quarto, ele guardou o amuleto vermelho e preto na gaveta de sua cômoda. Pegou o amuleto preto e branco, fixou o olhar nele e viu uma luz alvíssima emanar do objeto, passar por sobre sua cabeça e ir para a parede que estava às suas costas. Ouviu uma risada fina e marota, parecendo ser a risada de um velhinho.

Imediatamente olhou para trás, um portal de luz abriu-se e apareceu um Preto-Velho sentado em um toco de árvore, com uma bengala marrom de madeira à mão direita e apoiada sobre sua perna direita que era dura e esticada. À mão esquerda, o negro velho baforejava um cachimbo marrom de madeira.

De vez em quando, largava a bengala sobre a perna direita para beber vinho em uma cumbuca de cabaça.

Mikael perguntou:

– Quem é o senhor?

O Preto-Velho soltou sua fina gargalhada e disse:

– Eu sou, meu filho, aquele que seu Pai enviou para cuidar do senhor.

– Mas qual é seu nome?

– Sou seu Preto-Velho. Quando Xangô deu ao senhor o amuleto preto e branco, ele me deu a missão de cuidar do senhor. Então, estou aqui para fazer com que o senhor cumpra tudo o que está escrito, fazer com que o senhor siga sua jornada sem balançar. O homem que trouxe o senhor até aqui, o do amuleto vermelho e preto, vai cuidar de seus caminhos na rua, mas quem vai cuidar de sua cabeça, dos caminhos que o senhor vai traçar na vida e também vai prestar contas ao seu pai, sou eu, filho!

– Entendi, mas o que eu devo fazer para cumprir tudo isso? É muito difícil?

O Preto-Velho pacientemente pitou seu cachimbo e, em seguida, respondeu:

– Não é difícil, filho! O senhor só tem de manter a sintonia com Negro Velho. Todo dia, quando acordar, pegue o amuleto preto e branco, olhe para ele e converse com Negro Velho. O senhor não vai enxergar Negro

Velho toda hora como está vendo agora, mas vai ouvir tudo o que Negro Velho falar em seu coco, em sua cabecinha.

Mikael ficou pasmo, olhando para aquele homem que transmitia uma paz imensurável. O Preto-Velho prosseguiu:

– Filho, Negro Velho veio só para se apresentar. Agora, o senhor vai descansar, porque amanhã começa a trabalhar.

Mikael esboçou falar algo para o Preto-Velho, mas o portal fechou-se.

Ele ficou intrigado, porém naquele momento passou a entender perfeitamente o porquê dos acontecimentos dos últimos dias em sua vida. E naquela noite dormiu tranquilamente como já não acontecia havia muito tempo.

No dia seguinte, acordou e se alimentou calmamente com um café da manhã especialíssimo que preparou.

Estava muito feliz, radiante, pois sabia que a partir daquele dia sua vida mudaria, tomaria uma nova forma, teria um novo sentido, real e definitivo.

Após o café, resolveu ligar para Andrea, que o convidou para jantar. Encontraram-se à noite em um charmoso restaurante.

– Meu francesinho, quanto tempo! Ai, que saudades! Olhe, muitas coisas aconteceram em minha vida nos últimos tempos. Preciso lhe contar.

– Na minha também, Andrea. Aliás, eu pensei muito em você quando soube da morte brutal de seu amigo, lá no centro da cidade. Lembro-me bem dele em algumas vezes que o encontrei com você. Mesmo com o pouco contato que tive com ele, não tinha como não perceber sua doçura, a paz em seu olhar, seu semblante. Era uma pessoa diferenciada, não é mesmo?

– Com certeza, meu amigo – Andrea estava com a voz embargada e os olhos marejados. – Ele era uma pessoa especial e diferenciada. E o poeta já disse: "é tão estranho, os bons morrem jovens", mas, sinceramente, eu não consigo entender esse tipo de coisa. A saudade ainda dói, Mikael, mas, eu tenho certeza de que ele está muito bem, bem cuidado, foi bem encaminhado. Mas, enfim, Deus sabe o que faz. Fale-me de você, meu francesinho!

– Ah, Andrea, muitas coisas aconteceram, mas o mais importante é que hoje eu tenho firmeza e certeza do que quero para mim e para minha vida.

Mikael preferiu não detalhar os acontecimentos espirituais que mudaram sua vida. Continuou conversando com a amiga vários assuntos. Após o jantar, deixou-a em casa voltou para a sua.

Sete dias após o encontro, Mikael recebeu um telefonema de Andrea:

– Oi Mikael, seu sapeca! Se eu não ligar para você a gente não se fala, porque você nunca me liga, né?

– Ah, desculpe, Andrea! Tenho andado recolhido, pensando e planejando meu futuro.

– Tudo bem, eu o perdoo! Mas, deixa eu falar uma coisa: tenho um amigo que dirige uma ONG. Está com dois projetos: um de restauração de prédios antigos e outro de construção de casas populares, a fim de melhorar a qualidade de vida das pessoas que moram em comunidades de baixa renda. E, por conta disso, precisa de um arquiteto. Pensei em você. Topa?

Mikael, com os olhos marejados, respondeu à amiga:

– Topo agora! Estava esperando por esse momento, Andrea!

– Então, vou passar seu telefone para ele conversar melhor com você, pode ser?

– Claro, claro! Vou aguardá-lo!

– Então está bem, amado! Vou desligar, pois preciso trabalhar. Depois me conte como foi o papo de vocês, tá?

– Pode deixar, Andrea!

– Tchau, nego!

– Tchau, querida!

Mikael desligou o telefone e pensou em tudo o que seu Sagrado Pai Xangô havia lhe falado no castelo. Lembrou-se de sua conversa com o Preto-Velho e pensou: "Meu Deus, agora eu sei o que será, o que está sendo de mim!".

Foi para a janela, olhou para as estrelas e para a lua cheia. Voltou a olhar para as estrelas e fixou o olhar nas Três Marias. E, entre essas estrelas, viu Xangô Aganju parado, em pé, com as asas eretas e reluzentemente brancas, braços cruzados sobre o peito, com o machado de duas faces na mão direita, a espada de ouro na mão esquerda e sorrindo para seu filho.

O Canto da Sereia Negra

Samuel olha para o mar. É um jovem pescador que gosta de passar o tempo admirando as ondas, o horizonte, o sol ao fundo, o céu azul contrastando com as águas. Diverte-se vendo peixes saltando para fora d'água e voltando rapidamente para seu *habitat* natural.

Rapaz simples, de hábitos recatados e bastante tímido, gosta de ficar em silêncio, refletir, e, por isso, sente muito prazer em exercer seu ofício de pescador. Para ele, não há nada melhor do que ganhar seu pão de cada dia silenciosamente. Trabalhar pensando muito e sem falar é fundamental.

Criado na roça e sendo filho único de um modesto produtor rural e uma dona de casa, estudou pouco, pois desde cedo precisou ajudar o pai na labuta da lavoura.

Seus poucos momentos de lazer aconteciam exatamente quando ele conseguia ir a um açude próximo à sua casa. Lá, ficava olhando os peixinhos saltarem para fora d'água e voltarem para o fundo do açude imediatamente. Sonhava em ver o mar. Sempre pensava: "Quem passa por esta vida sem ver o mar não merece o Reino dos Céus!".

Teve uma criação baseada em rígidos valores católicos. A joia mais preciosa que sua família possuía em casa, segundo sua mãe, era uma pequena Bíblia.

De tempos em tempos, padre Eusébio passava por lá. Sempre ia abençoar a família e fazia isso em todas as propriedades daquele lugarejo, pois sua paróquia ficava a muitos quilômetros dali.

Nessas visitas, o padre lia trechos da Bíblia para a família, que ouvia tudo com muita atenção e, ao final, antes de ir embora, padre Eusébio conversava separadamente com cada um, em uma espécie de confissão improvisada.

Um certo dia, após conversar separadamente com o pai e a mãe, chamou Samuel (ele sempre deixava para conversar com o menino por último) e perguntou:

– Jovem Samuel, como vai você? Tem se sentido bem e feliz?

– Não, padre Eusébio, eu tenho pecado porque tenho pensado muitas besteiras. E penso essas besteiras porque me sinto infeliz e injustiçado.

O padre, boquiaberto e espantado, arregala os olhos, leva a mão à boca aberta. Aquele menino de poucas palavras nunca havia dito nada além de "sim", "não" e "sim, senhor" durante suas confissões.

Recuperado do susto, padre Eusébio pergunta:

– Mas o que está havendo, meu filho?

– Padre, desde muito pequeno vejo o senhor vir aqui, ler a Bíblia, nos falar de Deus, de Jesus Cristo, das belezas do mundo, dos pecados, da moral... – o padre segue ouvindo espantado àquele garoto que, até então, mal havia emitido sons monossilábicos. –...do amor pelo próximo e da Mãe Natureza. Mas eu já estou com 14 anos e nunca vi o mar. Padre Eusébio, eu, Samuel, tenho esse nome porque minha mãe quis me dar nome de anjo. E onde está a Justiça Divina que o senhor tanto fala, que eu cresci ouvindo o senhor e meus pais falarem, que não me permite conhecer o mar? Os anjos não podem ver o mar? E os que têm nome de anjo, também não?

Padre Eusébio fica sem palavras, não sabe o que dizer. Resume-se apenas, após gaguejar um pouco, a responder:

– Meu jovem Samuel, tudo na vida tem sua hora e seu tempo. Tudo depende da vontade do Senhor!

Samuel abaixa a cabeça sem entender a resposta do padre, mas, em respeito àquela figura, que aprendera com seus pais que era "o emissário de Deus", silencia.

O padre abençoa o menino, que pede licença e retira-se. O padre fica quieto, apenas se despede dos pais de Samuel e vai embora, prometendo voltar em breve.

Sete anos se passam. Já com 21 anos, após a morte de seu pai com câncer generalizado e, em seguida, de sua mãe, segundo os médicos, por depressão profunda, Samuel ainda viveu alguns meses solitário na roça.

Mas, um belo dia, bebendo cerveja em um botequim próximo à sua casa, conheceu um rapaz negro, magro, sorridente e fanfarrão, chamado Zomba. Estava ali de passagem e, conversando com Samuel, contou-lhe que morava em uma bela ilha, de poucos habitantes.

Samuel pergunta:

– E você vê o mar todos os dias?

Zomba ri ironicamente e responde:

– Claro que sim, o mar é meu e de todos que moram lá.

Samuel fica pensativo.

Dois meses depois, em um novo encontro com Zomba, no mesmo bar, conversam sobre a possibilidade de Samuel mudar-se para a ilha. Samuel questiona:

– Mas com o que eu posso trabalhar lá?

Zomba responde:

– Vai pescar, moleque! Lá sempre aparecem uns forasteiros de outras cidades querendo comprar peixe. O peixe de nossa ilha é mágico. Dizem os antigos que há uma sereia no fundo do mar que adoça todos os peixes.

– Como assim?

– Olhe, não sei se isso é verdade ou não, mas, se você comer o peixe de lá, vai sentir a diferença. O peixe é doce mesmo, moleque!

– Nossa! – diz Samuel, que põe a mão no queixo e permanece pensativo por alguns segundos e volta a falar:

– Zomba, meu bom amigo, conto com você. Vou vender essa casa aqui. Esse lugar nunca foi meu, sempre foi de meus pais e eles não estão mais aqui. Vou atrás do que sempre sonhei... o mar, eu quero o mar. Zomba! Conto com você, preciso de um lugar para morar nessa ilha e você vai me ajudar a encontrar.

– Conte comigo, Samuel! – diz Zomba, sorridente com a decisão e a repentina coragem de seu novo amigo.

– Seu Sandoval, traga a saideira e a conta! – diz Samuel.

Em poucos dias, Samuel consegue vender a modesta propriedade para um vizinho e, no dia e na hora marcada, pega sua mochila e a mais preciosa joia da família – a Bíblia – e se dirige ao encontro de seu amigo em uma estrada próxima.

Zomba o espera em uma Kombi com Cleber, um morador da ilha que trabalha fazendo transporte de passageiros. Assim, encerra-se um ciclo na vida de Samuel para se iniciar outro que, mal sabe ele, vai muito além da conquista do sonho de ver o mar.

Samuel continua olhando o mar. Fica horas, quando possível, fazendo isso. Quer recuperar o tempo perdido dos 21 anos em que não conseguira admirar tal beleza.

Há quatro meses Samuel mora e trabalha na ilha. Apesar do pouco tempo, já está ambientado e familiarizado, sentindo-se um autêntico nativo do lugarejo.

Zomba aproxima-se de Samuel e diz:

– Ei, moleque! Vai ficar o resto da vida olhando para o nada?

– Nada, Zomba?! Nada?! Você não consegue ver, meu amigo, a magia que há no encontro do sol com o mar?

– Que encontro, moleque, tá maluco? O sol tá lá em cima brilhando e o mar tá aqui embaixo.

– Não, amigão – diz Samuel, olhando seriamente para Zomba. Há uma sintonia entre o sol e o mar! Olhe lá, é um casamento, Zomba! Você já percebeu como o mar fica triste nos dias nublados e nos dias de chuva? Olhe lá, olhe lá – Samuel, sorrindo como uma criança, aponta para o sol e para o mar. Os raios do sol batem na água, iluminando-a, e o mar responde refletindo o sol!

Zomba diz:

– Tá bom, moleque, tá bom! Só que o mar e o sol não vão fugir, amanhã eles estarão aí novamente, deixe-os namorarem em paz. Vem, moleque, a gente tem de preparar as coisas para o luau de hoje à noite.

Samuel murmura:

– Ah, é, tem o luau hoje! Tinha até esquecido.

– Você esquece até de comer e de tomar cervejinha quando fica olhando esse mar.

Samuel e Zomba, além de outros pescadores, suas filhas, filhos e esposas, em mutirão, preparam os quiosques para a noite. Já passa do meio-dia e tudo deve ficar pronto o mais rápido possível.

Montam três quiosques: um que venderá frutos do mar, um que venderá cervejinha e bebidas variadas e outro de petiscos, como diz Zomba: "Para os que não abrem mão de uma gordurinha".

O Luau de Ogum é uma tradição naquela ilha e ocorre sempre na primeira noite de lua cheia.

Zomba diz para Samuel:
— Moleque, esse luau é muito bom, dá uma "sacudida" na economia aqui da ilha. Vem gente de vários lugares do Brasil. Gastam uma boa grana!
— Mas, Zomba, por que se chama Luau de Ogum?
— Ora, moleque, porque celebramos a chegada da lua cheia, que é a lua mais poderosa e... você não sabe?... A lua é de Ogum.
— Como assim, Zomba?
— Ora, o Pai Ogum mora na Lua, moleque!
— Como é que é???? Aliás, quem é esse Ogum, Zomba? Eu sempre soube que São Jorge mora na lua!
Zomba, querendo despistar, diz:
— Moleque, tudo isso é crendice popular. E usamos dessa crença para promover essa festa e também pedir proteção ao Pai Ogum.
Samuel interrompe:
— São Jorge é o santo que mora na Lua e de lá cuida de todos nós.
Percebendo que não será fácil, Zomba diz:
— Olha, moleque, vou tentar me fazer entender: pouco importa se o chamarmos de São Jorge ou de Ogum, o que vale mesmo é a fé. Mas, acontece que aqui nessa ilha, pelo menos nós, que organizamos o luau, somos umbandistas e, por isso, cultuamos os Orixás. Então, a lua é do Pai Ogum e o luau é para ele. Certo?

Como Samuel prima pelo respeito ao próximo acima de tudo, fica quieto e aceita a explicação, afinal, trata-se de uma tradição local e ele não se acha no direito de questionar isso. Mas duas palavras soam estranhas ao seu ouvido: "umbandistas" e "Orixás".

A noite cai, algumas pessoas começam a chegar. O violeiro, já sentado na areia, no centro dos quiosques que, em forma de triângulo apontam para o mar e para a lua, começa a tocar e cantar algumas canções e atrair à sua volta casais e jovens que chegam à ilha para o luau.

Samuel está em frente ao quiosque de frutos do mar conversando com Sayonara, que está ali cuidando da venda para os forasteiros.

Sayonara é uma bela mulher, podendo ser considerada uma síntese da magia e da beleza da mistura brasileira. Filha de um japonês e uma baiana, essa mistura de olhos asiáticos com pele jambo, além de muito óbvia para quem a olha, torna sua beleza singular. Mora há três anos na ilha, mudou-se para lá com Mateus, seu pequeno filho. Jornalista de formação, largou tudo para viver tranquila na ilha, longe das loucuras da cidade grande, confeccionando e vendendo artesanatos.

Sayonara admira Samuel, acha-o interessante e intrigante e dá a ele uma atenção especial, tratando-o de modo diferente em relação aos outros pescadores da ilha. Procura sempre saber mais sobre ele, estar perto, gosta da companhia, da vibração e da energia que o jovem pescador lhe transmite.

Interrompendo a conversa, Zomba aproxima-se e diz:

– Vem cá, moleque, tem umas coisinhas para a gente arrumar antes que o bicho comece a pegar.

Samuel, muitas vezes, não entende Zomba, mas acaba o acompanhando.

– Vamos até minha casa, moleque – diz Zomba –, para pegarmos algumas coisas que precisamos deixar lá na festa.

Samuel, como sempre, sem questionar, acompanha o amigo.

Chegam à casa de Zomba, que beija a mãe na testa.

– Boa noite, dona Cássia! – diz Samuel à mãe do amigo.

– Boa noite, Samuel! – responde a senhora.

Zomba diz:

– Mãe, as oferendas estão prontas?

– Sim, meu filho! As sacolas estão na mesa da cozinha.

– Venha comigo, moleque! – diz Zomba.

Eles pegam os três sacos plásticos na mesa da cozinha e dirigem-se à rua.

– Boa noite, dona Cássia! – diz Samuel.

– Tchau, mãezinha! – diz Zomba.

– Boa noite, meus filhos! Um bom luau a todos. Saravá!

Já na rua, Samuel pergunta a Zomba:

– O que sua mãe quis dizer com "Saravá"?

– Moleque, na Umbanda usamos essa saudação. Ela quer dizer "força que movimenta a natureza". Então, quando usada, é como se disséssemos: "Salve sua força natural" ou simplesmente "Salve sua força"! É também uma espécie de mantra que pode fixar ou dissipar algumas vibrações. Não é aconselhável usar em qualquer situação.

– Ah, tá!

Eles chegam perto da praia. Zomba diz:

– Moleque, vamos entregar essas três oferendas agora. Isso é necessário para que tenhamos proteção durante o luau e nada de mal aconteça. Vamos entregar para os três Orixás que cuidam de nossa ilha.

– Orixás? Que bicho é esse, Zomba?

– Moleque, não tem nada de "bichos"! Os Orixás são as divindades regentes dos pontos de forças da natureza.

– Mas Deus permite isso, Zomba?

Zomba dá uma enorme gargalhada e diz:

– É óbvio, moleque! Deus é pura bondade e, com seu pensamento repleto de amor, criou os Orixás para que cuidem de toda a Sua Obra Divina.

Sem entender nada, Samuel responde:

– Ahhhhhh!

– Bom, moleque – prossegue Zomba –, me dê essa sacola. Vamos até a entrada da mata.

Há uma pequena mata na ilha. Eles se dirigem até lá.

Na entrada da mata, Zomba diz:

– Espere, moleque! Tem uma coisinha a ser feita antes de entrarmos.

À frente da entrada da mata, ele coloca um vela preta, uma vela vermelha e uma vela bicolor vermelha e preta. Coloca sete moedas em volta de cada uma das velas. Derrama cachaça em torno da vela preta e da vela bicolor e champanhe em torno da vela vermelha. E saúda:

– Laroiê Senhor Exu Guardião dessa ilha! Alupandê Pombagira Guardiã dessa ilha! Laroiê Exu-Mirim Guardião dessa ilha! Peço aos Senhores e à Senhora permissão para entrar nesta mata, permissão para oferendar aos Orixás desta ilha. Peço também que protejam este local, especialmente nesta noite, que tudo ocorra em paz. Saravá!

Samuel assiste a tudo de olhos arregalados. Em seguida, entrega a sacola para Zomba.

Adentram a mata. Zomba estende um pano verde no chão e sobre esse pano coloca: velas verdes e brancas, consagra todas ao Orixá Oxóssi e acende-as, fitas brancas e verdes, linhas brancas e verdes contornando o pano, um prato com frutas variadas, um prato com moranga cozida, um prato com milho verde cozido em espiga, pemba branca (que usa para riscar sete flechas em torno da oferenda). Serve vinho tinto em um copo grande, mais quatro copos menores atrás desse copo maior. Depois, circula e fecha a oferenda com fubá.

Ajoelha-se. Samuel acompanha também, ajoelhando-se, mesmo sem entender muito o que está acontecendo.

Zomba diz:

– Okê Arô, meu Pai Oxóssi! Okê a todos os Caboclos desta mata! Okê Seu Arranca-Toco! Okê Seu Sete-Flechas! Okê Seu Flecheiro! Okê Seu Boiadeiro!

"Meu Pai Oxóssi, em nome do Divino Criador Olodumaré, em nome da Lei Maior e da Justiça Divina, eu clamo ao Senhor que nos proteja nesta noite. Que esse luau ocorra em paz, que tenhamos aqui somente vibrações positivas. E, humildemente, peço licença para continuar minha caminhada. Amém."

Prossegue dirigindo-se a Samuel e dizendo:

– Moleque, Pai Oxóssi é o Rei da Mata! Quem manda na mata é o Pai Oxóssi, ele é o grande caçador!

Samuel não acredita no que está vendo e ouvindo. Sua mãe era devota de São Judas Tadeu. Ele, desde pequeno, gostava de Santo Antônio. Aquilo ia contra tudo o que havia visto e aprendido desde a infância, mas não tinha como negar nem explicar, estava fascinado com tudo aquilo que estava ouvindo e vendo.

Zomba levanta-se, Samuel também. Zomba olha para Samuel e diz:

– Vamos agora dar sete passos para trás, depois disso viramos e vamos embora sem olhar para a oferenda.

Eles fazem isso, mas a curiosidade de Samuel fala mais alto. Ele olha para trás, vê três índios e um boiadeiro ajoelhados em frente à oferenda que ele e seu amigo deixaram ao pé da árvore. À frente dos que estão ajoelhados, em pé e olhando firmemente para Samuel, um negro, com um chapéu enorme, uma lança na mão direita, um arco e uma bolsa de flechas atravessados às costas. É o Sagrado Pai Oxóssi, que sorri para o incrédulo rapaz.

Assustadíssimo, Samuel continua em silêncio e indo em direção à praia com Zomba.

Ao chegar à beira do mar, Zomba põe uma toalha vermelha no chão, acende e consagra sete velas vermelhas e sete velas brancas para o Orixá Ogum. Coloca palmas e cravos vermelhos nos quatro cantos da toalha, abre uma garrafa de cerveja branca, oferecendo-a ao Orixá. Coloca pratos com melancia, laranja, pera, goiaba vermelha, ameixa preta, abacaxi e alguns cachos de uva. Põe também uma gamela com uma porção de feijoada e enfeita a oferenda circundando-a com fitas e linhas brancas e vermelhas.

Ajoelha-se, novamente. Samuel o acompanha. Zomba diz:

– Ogum Iê, meu pai! Saravá Ogum! Meu Pai Ogum, em nome do Divino Criador Olodumaré, em nome da Lei Maior e da Justiça Divina, em nome do Mistério Ordenador da Criação, em nome de todos os poderes divinos e de todas as forças naturais e em meu nome sagrado, peço-lhe que nos proteja nesta noite e sempre de todo e qualquer espírito fora da Lei que aqui tente se instalar. E hoje, nesse luau que é seu, especialmente, que tudo transcorra em paz e que todos alcancemos nossos objetivos nessa celebração. Amém.

Levantam-se, saem novamente sem olhar para trás – desta vez, Samuel não ousa fazer o que fizera anteriormente – e se dirigem para o mar.

Zomba tira da terceira sacola um barquinho azul, com rosas e palmas brancas.

Samuel pergunta:

– E agora, Zomba, o que vai ser?

– Agora, moleque, vamos encerrar com essa oferenda para a Sagrada Mãe Iemanjá, nossa Mãe Maior!

Samuel sente uma sensação estranha, um arrepio na espinha. Enquanto isso, calmamente, Zomba estende sobre a areia uma toalha azul-clara e põe sobre ela: sete velas brancas e sete velas azul-claras que consagra para a Orixá, enfeita à volta da toalha com fitas e linhas brancas e azul-claras; coloca palmas brancas nos quatro cantos da oferenda, pratos com melão em fatias, cerejas, laranja-lima, goiaba branca, framboesa e uma garrafa (com uma taça cheia ao lado) de champanhe de uva. Além de manjar, peixe assado e arroz-doce com canela em pó.

– Odossyá, minha mãe! Odoyá, Iemanjá! Minha Mãe Iemanjá, em nome do Divino Criador Olodumaré, em nome da Lei Maior e da Justiça Divina, em nome do Mistério da Geração da Vida, em nome de todas as forças naturais e em meu nome sagrado, peço humildemente que, do fundo do mar, a Senhora envie boas vibrações nesta noite de celebração aqui na ilha. Necessitamos, Mãe Amada, dos frutos dessa celebração! E, humildemente, contamos com sua proteção, com sua vibração! Amém.

De outra sacola, Zomba retira um barquinho azul-claro, contendo palmas, rosas e lírios brancos, além de uma carta com agradecimentos e pedidos dos moradores da ilha, e prossegue cantarolando:

– Eu fui lá na beira da praia, só para ver o balanço do mar. Quando vi um retrato na areia, uma linda sereia e comecei a cantar: Ô Janaína vem ver, ô Janaína vem cá, receber as flores que eu vim lhe ofertar!

Depois, prossegue saudando:

– Mãe Iemanjá, minha Mãe Janaína, minha Mãe Sereia, obrigado por Sua Força cuidando de tudo e todos nesta ilha; obrigado por Sua Energia, por cuidar de nossas cabeças. Ofertamos estas flores, Mãezinha! E reiteramos nosso Amor e Reverência à Senhora! Amém.

Zomba olha para Samuel e começa a falar:

– Moleque, quando acabar o luau, eu venho até aqui para recolher os restos das três oferendas. É importante saber que, se usamos na Umbanda a Natureza como nosso altar, devemos cuidar muito bem desse altar. Os Orixás vêm aqui, retiram o prana dos elementos e, depois disso, podemos recolher e despachar em local adequado, não agredindo a Mãe Natureza. Todo umbandista deve ter essa consciência ecológica, moleque!
– O que é prana? – questiona Samuel.
– É a energia etérica, a energia vital que está em todos os elementos da natureza. Ela é usada para nos fortalecer espiritualmente.
– Ah, tá!
Samuel começa a sentir sensações estranhas, arrepios e tremedeiras. Percebendo que há algo errado, Zomba pergunta:
– Tá tudo bem, moleque? Tá passando mal?
– Não – responde Samuel. – Eu acho que não comi direito hoje. Vou até o quiosque para ver se pego um peixinho.
– Cuidado, moleque, você tem de se alimentar direito!
Samuel e Zomba voltam à beira da praia. O luau já está mais movimentado.
– Olhe aí, moleque, não te falei? – diz Zomba, sorridente. – Olhe, quanta mulher bonita!
– Huuummm! – murmura Samuel.
O violeiro continua tocando e cantando.
Zomba diz:
– Moleque, espere aí que vou lá em casa pegar uma coisa e já volto.
– Tá! – responde Samuel.
Alguns minutos depois, Zomba está de volta com um tambor e diz:
– Agora o luau vai ficar animado, moleque!
Zomba aproxima-se do violeiro, fala algo ao pé de seu ouvido e começam a tocar e cantar samba. Zomba acompanha o violeiro tocando seu tambor.
O clima no luau, que já é bom, fica ótimo. O velho morador da ilha sabe exatamente o que as pessoas ali presentes querem.
Todos estão felizes, cantando, dançando, e os quiosques vendendo bem.
Mas, Samuel e sua timidez... aquele rapaz circunspecto, feliz e ao mesmo tempo alheio àquilo tudo, caminha um pouco mais à frente e à direita até a beira do mar, como se estivesse querendo se afastar da festa e aproximar-se de algo que nem ele mesmo sabe o que é. Fica olhando para o mar.

Ele não havia ainda parado para olhar o mar à noite como costumava fazer durante o dia. Tem uma outra visão, parece estar olhando para outro lugar, outro mar, não é a mesma coisa que ele vê durante o dia.

Sayonara aproxima-se e diz:

– Não vai curtir o luau, Samuel?

– Eu estou curtindo, Sayonara, mas meu jeito é assim mesmo, eu me divirto assim, com esse meu jeito quieto!

– Ah, menino, venha para cá, venha dançar e brincar com a gente! Ou vai ficar aí esperando para ouvir o canto da sereia?

– Canto de quem?

– O canto da sereia, menino! Nunca lhe falaram da sereia que mora nessas águas?

– Já ouvi falar – responde Samuel – aqui na ilha, e o Zomba também vive falando dela.

– Então – diz Sayonara –, tome cuidado, porque já teve pescador que ficou aí molhando os pés e admirando o mar e, depois disso, nunca mais tivemos notícias do dito-cujo.

– Ah, Sayonara, eu não acredito nessas coisas, não! Acredito em Deus, Jesus, Virgem Maria e no Divino Espírito Santo.

Sayonara responde:

– Eu também, Samuel, mas depois não vá dizer que não foi avisado! Eu tentei.

Sayonara sorri, dá uma piscadela para Samuel e volta para seu quiosque. E vai pensando: "Que menino intrigante! Preciso descobrir seus mistérios, seus segredos".

Samuel, no fundo, fica pensando naquilo que Sayonara lhe disse.

Resolve ir para sua cabana dormir e, quando dá os primeiros passos, ouve um canto, um canto doce e feminino vindo do fundo do mar. Não ouve mais a música tocada no luau, somente aquele canto. E pensa: "Estranho, por que o samba lá do luau parou de tocar? Que voz linda! Quem é essa mulher? Quem está cantando essa música?".

E continua parado, ouvindo aquela voz doce e suave.

Samuel, por alguns minutos, fica ali, hipnotizado, imóvel. Não consegue sair do lugar... e nem quer.

O canto cessa. Samuel vai caminhando lentamente em direção à sua cabana.

Quando entra em casa, sente um aperto no peito, uma agonia, começa a chorar, chora compulsivamente. Ele não chora assim desde a morte de sua mãe. Não sabe por que está chorando. Pega a Bíblia, abre e lê, em voz alta, o Salmo 25:

"A ti, Senhor, elevo minha alma. Deus meu, em ti confio; não seja eu envergonhado; não triunfem sobre mim meus inimigos. Não seja envergonhado nenhum dos que em ti esperam; envergonhados sejam os que sem causa procedem traiçoeiramente. Faze-me saber teus caminhos, Senhor; ensina-me tuas veredas. Guia-me em tua verdade, e ensina-me; pois tu és o Deus de minha salvação; por ti espero o dia todo. Lembra-te, Senhor, de tua compaixão e de tua benignidade, porque elas são eternas. Não te lembres dos pecados de minha mocidade, nem de minhas transgressões; mas, segundo tua misericórdia, lembra-te de mim, por tua bondade, ó Senhor. Bom e reto é o Senhor; pelo que ensina o caminho aos pecadores. Guia os mansos no que é reto, e lhes ensina seu caminho. Todas as veredas do Senhor são misericórdia e verdade para aqueles que guardam seu pacto e seus testemunhos. Por amor de teu nome, Senhor, perdoa minha iniquidade, pois é grande. Qual é o homem que teme ao Senhor? Este lhe ensinará o caminho que deve escolher. Ele permanecerá em prosperidade, e sua descendência herdará a terra.

O conselho do Senhor é para aqueles que o temem, e ele lhes faz saber seu pacto. Meus olhos estão postos continuamente no Senhor, pois ele tirará do laço meus pés. Olha para mim, e tem misericórdia de mim, porque estou desamparado e aflito. Alivia as tribulações de meu coração; tira-me de minhas angústias. Olha para minha aflição e para minha dor, e perdoa todos os meus pecados. Olha para meus inimigos, porque são muitos e me odeiam com ódio cruel. Guarda minha alma, e livra-me; não seja eu envergonhado, porque em ti me refugio. A integridade e a retidão me protejam, porque em ti espero. Redime, ó Deus, a Israel de todas as suas angústias."

Após ler esse salmo, Samuel reza um Pai-Nosso, uma Ave-Maria e sente-se um pouco mais aliviado.

Em seguida, pede desculpas a Jesus e à Virgem Maria por ter dado ouvidos às pessoas na ilha que falam daqueles santos esquisitos.

Deita-se, tenta dormir e não consegue. E pensa: "Mas... o mar! Por que o mar, que eu sempre quis tanto conhecer, me causou aquelas sensações estranhas? O mar é de Deus. O padre Eusébio sempre nos falou tão bem e de forma tão mágica do mar!"

Em voz alta, como que para conversar consigo mesmo, diz:
— Meu Deus, o que está acontecendo comigo?
E volta a chorar, dessa vez um choro suave. É o choro do encontro e da descoberta.

É fim de madrugada na ilha, o luau já acabou e não há mais ninguém nos arredores. Os quiosques estão vazios.

Uma pomba branca sobrevoa os quiosques. Do fundo do mar, vem aquele canto feminino, doce e suave. Da mata, surge um índio correndo com uma machada na mão, cortando o ar. Atrás dele, outro índio, com um arco em punho apontando uma flecha para o ar, acompanha os movimentos do primeiro.

Os Caboclos Arranca-Toco e Sete Flechas, respectivamente, naquele momento, passam por ali para tirarem toda e qualquer energia negativa que eventualmente tenha ficado da festa, que tenha vindo com algum forasteiro.

É um hábito desses protetores da ilha, sempre ao final de todo e qualquer luau. Trabalham rapidamente e voltam a se embrenhar na mata.

O Senhor Ogum chega próximo aos quiosques vazios montado em seu cavalo branco. Para, desce do cavalo e pensa: "Vou ficar sozinho aqui? Venham logo!"

Nesse momento, o Senhor Oxóssi sai da mata com os Caboclos vindo logo em seguida, aproxima-se de seu irmão, o Senhor Ogum, e diz:
— Ogum Iê, meu irmão! Achou que eu o deixaria sozinho aqui?

O Senhor Ogum sorri e diz:
— Okê Arô, meu irmão! Okê, Caboclos! (os Caboclos saúdam o Orixá Ogum abaixando a cabeça). Não, meu irmão, sei que sempre pude contar contigo. Nossa festa tem de começar, onde estão os ogãs?

Com os olhos, o Senhor Oxóssi aponta às costas do Senhor Ogum. Chegam três negros, carregando um atabaque cada um. Eles posicionam seus atabaques e o ogã chefe diz:
— Saravá, meus Senhores! Podemos começar?

O Orixá Ogum e o Orixá Oxóssi entreolham-se. O Senhor Oxóssi olha para o Caboclo Arranca-Toco e sacode a cabeça afirmativamente.

O Caboclo olha para o ogã chefe e diz:
— Comece agora!

Os ogãs começam a entoar pontos do Orixá Ogum e do Orixá Oxóssi. Os Caboclos dançam, os Orixás também.

De repente, surge da água uma bela mulher. Os cânticos continuam, os Caboclos continuam dançando, mas, os Orixás param para recebê-la.

Ela se aproxima. Uma mulher linda, negra, com longos cabelos negros cacheados, usando uma bela blusa azul e uma saia branca. Toda envolta em luz, ela abre os braços e saúda os Orixás ali presentes (nesse momento, os Caboclos param de dançar, aproximam-se dos Orixás e ficam olhando a mulher):

– Ogum Iê, Senhor da Ordem, Divino Trono da Lei! Okê Arô, Senhor das Matas, Divino Trono do Conhecimento! Saravá! Salve as Sete Vibrações da Umbanda Sagrada!

Olha para os Caboclos e prossegue:

– Okê, a todos os Caboclos dessa ilha!

O Senhor Ogum diz:

– Em nome de todos, eu digo: Odossiá, Kayala!

O Senhor Oxóssi exclama:

– Pensei que não virias mais!

– Meu caro Oxóssi, tenho sido incumbida de muitas tarefas. Mãe Iemanjá tem me passado muitos afazeres.

O Senhor Ogum diz:

– Mas há um menino em especial, aqui nesta ilha...

Kayala interrompe:

– Eu sei, Sagrado Orixá, eu sei! Em poucas horas estarei com ele. Está chegando o momento de ele se descobrir espiritualmente, descobrir-se como ser humano e iniciar o que realmente é sua missão nesta jornada terrena.

– Bom – diz o Senhor Oxóssi –, mas, enquanto isso, vamos celebrar!

Os ogãs voltam a tocar e entoar os cânticos. A Sereia Kayala, os Orixás Ogum e Oxóssi e os Caboclos dirigem-se ao centro dos quiosques e dançam ao som dos atabaques até o sol raiar.

Na manhã seguinte ao luau, todos os que montaram os quiosques lá estão novamente, para, em mutirão, iniciarem a desmontagem. É uma manhã de domingo, e percebe-se no semblante de todos a felicidade e a satisfação pelo sucesso da festa ocorrida na noite anterior.

– Vambora, galera, vambora – Zomba vai falando em voz alta. – Quanto mais rápido terminar, mais cedo "cês" vão para casa curtir o domingo.

Sayonara carrega algumas bacias e sacolas com material e alguns alimentos que restaram do quiosque de frutos do mar. Samuel aproxima-se e diz:

– Vou ajudá-la, Sayonara! Não é justo, uma moça como você, carregar isso tudo sozinha.
– Obrigada, Samuel! – ela sorri, olhando nos olhos daquele rapaz que, imediatamente, envergonhado, abaixa a cabeça.
Ambos prosseguem caminhando rumo à casa de Sayonara que, percebendo que ficarão em um silêncio eterno se não tomar a iniciativa, diz:
– Samuel, como e por que você veio para essa ilha?
Ainda sem olhar para ela, olhando para a frente, ele diz:
– Eu vivia na roça, mas, desde muito pequeno, sempre sonhei com o mar. Quando eu era muito molequinho, eu brincava de peixe, porque achava que era o único jeito que eu teria de "morar no mar". Acabou que meus pais morreram de uma hora para a outra e a vida – e Zomba, né?! – me trouxeram até aqui.
Enquanto ele fala, apesar de não olhar no rosto de Sayonara, ela não tira os olhos dele. E pensa: "Eu vou fazer este menino olhar nos meus olhos, custe o que custar!".
Chegam à frente da cabana de Sayonara. Ela diz:
– Muito obrigada pela ajuda, Samuel, você é um *gentleman*!
– Sou o quê? – pergunta o jovem pescador.
– Um cavalheiro, Samuel. Eu quis dizer que homens como você estão em extinção.
– Ah, tá, muito obrigado!
– Entre, vou fazer algo para comermos.
Com o rosto já enrubecido, Samuel diz:
– Obrigado, Sayonara! Mas eu preciso ir agora, tenho muitas coisas para fazer em casa ainda.
Percebendo a inibição do rapaz, Sayonara diz:
– Espere só um momentinho, então, eu já volto. Não vá embora, tá?!
Ela entra em casa levando o material e Samuel fica esperando do lado de fora. Ela volta, após alguns minutos, com um copo de café na mão.
– Tudo bem que você não possa ou não queira entrar, mas este copo de café você vai aceitar.
– Obrigado, Sayonara!
Enquanto ele bebe o café, ela pensa: "Agora ele não me escapa!". Para em frente a ele, cruza os braços, olha no fundo de seus olhos e com toda a firmeza que lhe é peculiar, diz:
– Não aceitarei desculpas ou negativas, Samuel – ele a olha espantado. – Amanhã à noite, você vem jantar comigo e com meu filho Mateus aqui em casa. Segunda-feira é o dia de menor movimento em minhas vendas e vou fazer uma comida bem gostosa para nós.

Sayonara olha para a mão dele e, já pegando o copo, prossegue falando antes que ele pense em dizer alguma coisa:
– Já terminou o café?
Gaguejando, ele responde:
– S-sim.
– Ótimo! – diz ela... e continua falando de forma áspera e firme com ele. – Espero aqui em casa, amanhã, às oito da noite. Até mais!
Sayonara dá as costas, entra em casa e Samuel fica ali, parado, atônito, sem saber o que dizer ou fazer.
Volta para sua casa. No caminho, pensa: "Nossa, o que é isso?! Minha mãe não falava comigo assim! Nunca uma mulher fez isso comigo! Nunca uma mulher mexeu comigo dessa forma!".
Já em casa, prepara um almoço rápido e resolve, naquele domingo, sozinho, abrir um vinho tinto que guarda há muito tempo. Come, bebe, resolve dormir e assim o faz.
Samuel acorda no final da tarde, olha pela janela e vê o sol. Levanta-se, vai ao banheiro, lava o rosto, escova os dentes e olha-se no espelho. Fica mirando sua própria imagem por alguns segundos. Tenta, na verdade, achar em sua imagem a resposta para todas as coisas que estão acontecendo em sua vida nos últimos dias. Não consegue compreender o que se passa, não consegue parar de pensar em Sayonara. E pensa: "É a mulher mais bela e mais intrigante que conheci em toda a minha vida".
Ao mesmo tempo, ele sente medo dessa situação. Acha que ela só quer ser sua amiga. A forma como falou com ele naquela manhã é a de uma mulher falar com um homem ou de uma mãe falar com um filho? Esse questionamento o incomoda.
Samuel está definitivamente confuso, sua cabeça é um emaranhado de pensamentos: "Vou ou não à casa dela amanhã à noite? Não posso ser mal-educado, ela me trata tão bem. Mas estou com muito medo. Deus, o que faço?".
Seca o rosto. Decide ir à praia. Não há lugar melhor do que em frente ao mar para encontrar respostas. E ele vai.
O sol está se pondo, a praia está vazia. Ele olha para os lados, olha para a mata, não vê ninguém. Está sozinho na praia, exatamente como deseja estar. Não quer conversar com ninguém, somente pensar, pensar e pensar, refletir muito e encontrar respostas para seus questionamentos, dar um fim às suas angústias.
A noite chega e Samuel continua ali; sentado na areia, desenha uma estrela à sua frente. Ouve novamente aquele canto doce e feminino. E pensa: "É o canto da sereia do qual todos aqui falam".

Pensa em ir embora, mas algo faz com que ele não saia do lugar. Ao mesmo tempo em que tem medo, não consegue sair dali, fica imóvel. Não olha para o mar. Pela primeira vez na vida, Samuel tem medo do mar. Continua olhando para o chão, para a estrela que desenhara à sua frente. Mira a estrela, como que tentando encontrar respostas nela.

De repente, sente-se levemente tonto, sua visão embaraça. Ele coça os olhos, olha para a estrela, não acredita no que está vendo.

Coça os olhos novamente e volta a olhar para a estrela. Vê sobre a estrela dois pés, dois lindos pés negros femininos. Pensa em olhar para cima, não tem coragem. Continua paralisado, olhando aqueles pés. E ouve:

– Meu menino, meu doce menino, olhe para mim!

Aquela voz feminina, doce... é a voz que entoava a canção que vinha do fundo do mar.

Samuel não olha para cima, olha para trás e pensa em sair dali correndo. Quer, naquele momento, correr até sua cabana, pegar suas coisas, ir embora o mais rápido possível e nunca mais voltar àquela ilha.

O que ele faz? Levanta o rosto lentamente, vê a saia branca, a barriga negra desnuda, a blusa azul, o pescoço, o rosto, os olhos negros, o sorriso iluminado e os lindos cabelos negros cacheados.

Fica olhando aqueles belos cabelos por alguns instantes, fascinado com a beleza daquela mulher.

Kayala, ainda sorrindo, diz:

– Olá, meu menino!

Gaguejando, Samuel diz:

– B-boa n-n-noite, s-senhora!

– Meu nome é Kayala, menino! Você não precisa ter medo de mim, pois estou aqui para ajudá-lo. Vim trazer algo que mudará sua vida.

– O quê?

– Você já vai saber.

Kayala ajoelha-se, acaricia o rosto de Samuel e os ombros. Ele, que está tenso, começa a sentir-se relaxado. Ainda o acariciando, ela diz:

– Meu menino, você vai dormir agora. E quando acordar, você será um outro menino.

Ela pega-o suavemente pelos ombros e coloca-o deitado sobre a areia. Ele sente como se estivesse flutuando, sente um sono inexplicável, pois não costumava sentir sono àquela hora. Com o rapaz já deitado, Kayala passa a mão direita sobre seus olhos e ele adormece instantaneamente.

Kayala levanta-se e começa a cantar um ponto de Iemanjá: "Ô Janaína, Princesa D'Água, solte os cabelos Janaína e caia n'água. Janaína eeeh, Janaína eeaah, que vive na terra, que vive na lua, que vive na água, que vive no mar. Me livre dos inimigos, me livre das aflições, me livre dos perigos, me livre das tentações".

Em seguida, canta um outro ponto: "Iemanjá, ô Iemanjá, seus filhos vão trabalhar! Proteção, Sereia, proteção das falanges do mar!".

Ao encerrar a cantoria, saem da mata quatro índias.

Elas se aproximam de Kayala e Samuel, a que está mais à frente diz:
– Odossiá!

Kayala responde:
– Odossiá! Saravá, Cabocla Yara!

E prossegue:
– Yara, preciso que você e suas companheiras benzam e tratem desse meu menino com ervas de Iemanjá. Preciso que vocês o purifiquem porque, em breve, eu o levarei.

Yara responde:
– Assim faremos, Sereia Kayala!

Nesse instante, Yara olha para as outras Caboclas, que entendem o que devem fazer e voltam para a mata. Ali ficam Kayala e Yara olhando para o jovem pescador, que dorme um sono profundo e tranquilo.

Em poucos minutos, as três Caboclas voltam com muitas ervas e começam o ritual.

Kayala dá quatro passos para trás e, dessa distância, estende as duas mãos mandando vibrações para Samuel e, enquanto isso, as quatro Caboclas o desnudam, passam água e ervas por seu corpo e vão entoando cânticos em tupi-guarani e dançando em volta do rapaz.

Yara olha para Kayala e pergunta:
– Vamos acordá-lo?

Kayala responde:
– Não, ele ainda não está preparado para ver o que está acontecendo. Ainda será feito o Amaci antes de ele acordar.

Nesse momento, Kayala aproxima-se de Samuel ainda deitado e diz para Yara:
– Mantenham-no dormindo, mas vistam-no e coloquem-no sentado.

Yara olha para as três Caboclas, que imediatamente o vestem e, em seguida, o pegam pelas costas e ombros e o colocam sentado, ainda adormecido. Yara aproxima-se de Kayala com uma bacia contendo o

Amaci (aquela combinação de ervas que compunham o Amaci exalava pelo ar um perfume que, além de agradável, purificava o ambiente).

Kayala molha suas mãos no Amaci e aponta a distância para a cabeça de Samuel. Coloca a bacia ao chão e diz:

– Virem-no para cá.

Imediatamente, as Caboclas colocam-no deitado de bruços com a cabeça perto da bacia. É impressionante a facilidade com que as Caboclas movimentam aquele homem. Era como se estivessem movimentando um pedaço de papelão.

Kayala aproxima a cabeça de Samuel da bacia, molha-a com o Amaci sete vezes e diz:

– Agora, coloquem-no em pé na bacia. E podem ir embora.

Assim elas fazem e rapidamente somem no meio da mata. Incrivelmente, Samuel, apesar de estar dormindo, está na ponta dos pés sobre a bacia e com os braços abertos.

Kayala diz:

– Acorde, menino!

Samuel abre os olhos, vê-se naquela posição, não entende nada. Já querendo desesperar-se, pergunta:

– Meu Deus, o que está acontecendo?

Kayala, já em pé à sua frente, encosta a mão direita em seu peito, ele vai se acalmando, enquanto ela fala:

– Meu menino, já lhe disse meu nome; sou Kayala, a sereia que cuida de sua cabeça. Sua mãe, nossa Mãe Iemanjá, me incumbiu de cuidar de você.

– Como assim?

– Meu menino – responde Kayala – , você tem uma missão muito especial nesta sua jornada terrena. Você está aqui para servir a seus irmãos.

– Irmãos? – pergunta Samuel.

– Sim, você sempre foi católico, e o padre sempre falou que todos somos irmãos, porque somos filhos de Deus, não é mesmo?

– É verdade, Dona Kayala, mas, como a senhora mesmo disse, eu sou católico, – começa a alterar a voz –, EU SOU CATÓLICO, A SENHORA ENTENDEU?

Nesse momento, Kayala põe a mão sobre seu ombro direito e, bem devagar, eles vão se sentando na areia. Ela diz:

– Meu doce menino, você não precisa nominar sua fé. Você agora entende por quê, desde muito menininho, mesmo sem se conhecer profundamente, já tinha um inexplicável fascínio pelo mar?

Samuel abaixa a cabeça e, em voz baixa e trêmula, responde:
– É, eu acho que sim. Agora, tudo está começando a ficar claro para mim.

Kayala prossegue:
– Meu menino, você é um filho de Iemanjá. Isso só quer dizer que é dessa vibração que você vai se abastecer para cumprir sua missão. Por isso, você acabou vindo para esta ilha. Tudo será feito aqui.

– Mas, Dona Kayala... – Samuel para, pensa e volta a falar.

– ... Dona Kayala – prossegue Samuel – fale-me, o que é exatamente essa minha missão?

– Meu doce menino, na hora certa, no dia certo, você saberá. No dia que já está determinado, você virá aqui e conversaremos mais. Agora vá, está na hora de ir para sua casa descansar. E amanhã, vá ao jantar na casa da bela menina.

– Como a senhora sabe dela? – pergunta Samuel intrigado.

– Eu sei tudo o que se passa com você, meu doce menino; cada passo, cada pensamento, cada sorriso, cada lágrima. Agora, eu vou embora, pois tenho outras coisas a fazer. Ah, e não tire esse lenço branco da cabeça até completar 24 horas. E até tirar o lenço, procure ficar de repouso.

Samuel põe a mão na cabeça. Ele nem havia percebido que estava usando um lenço. Ele diz:
– Mas, Dona Kayala...

Ela se levanta e dirige-se mar adentro lentamente. Samuel fica observando aquela bela mulher sumir no meio das águas do mar, em meio às ondas. É noite, mas ele a vê entrando no mar, como se holofotes iluminassem aquele pedaço d'água.

Ela finalmente some, ele começa a ouvir o canto, o doce canto feminino, o doce canto de Kayala. Após alguns minutos, aos poucos, a voz vai sumindo e o canto cessando.

Ele ainda fica ali parado, sentado, perplexo. Todas as suas dúvidas e medos, como que em passe de mágica, somem.

Samuel chega em sua casa, senta-se no sofá e fica pensando em tudo o que acabara de acontecer.

"É muito estranho tudo isso! Deve ser um pesadelo! Devo acordar daqui a pouco!"

Nesse momento, ouve uma voz feminina sussurrar ao seu ouvido:
"Não seja tolo, meu filho, vá descansar!"

Sem pensar, sem pestanejar e instantaneamente, ele se levanta e dirige-se ao seu quarto, deita-se e adormece.

Acorda na manhã seguinte, com o raiar do sol. Levanta-se, vai até a janela, olha o lindo sol; pressente que aquele será um dia muito iluminado, tanto lá fora quanto em seu coração.

Samuel está, nesse momento, sentindo uma felicidade que não sabe explicar, pois é como se tivesse conquistado algo muito grande, muito importante, mas ele não sabe ao certo a razão daquele sentimento.

O jovem pescador passa o dia em repouso e, quando o sol vai embora, dirige-se ao banheiro, tira o lenço da cabeça e olha-se no espelho. Tem a sensação de, através de seu rosto, ver uma outra pessoa, um outro Samuel, um lado seu que nunca se revelara anteriormente. Resolve tomar banho.

Após o banho, Samuel vai até seu quarto, escolhe sua melhor roupa: uma calça branca e uma blusa azul (da cor do mar, como ele costuma dizer). Perfuma-se, pega uma garrafa de vinho tinto suave e sai de casa.

No caminho, resolve passar na casa de dona Tereza, a florista da ilha. Chega à frente da cabana e bate palmas.

Dona Tereza olha pela janela e diz:

– Oi, meu filho, que surpresa! O que você deseja, Samuel?

– Dona Tereza, desculpe incomodá-la a essa hora, sei que a senhora já fechou seu estabelecimento, mas eu queria comprar umas flores.

– Entra, meu filho!

Dona Tereza abre a porta para Samuel, que entra e diz:

– Com sua licença.

– Sinta-se em casa, meu filho.

E prossegue:

– O que você quer levar? Um botão de rosa? Um buquê? Fale-me, por favor!

– Olha, eu queria um buquê, mas de flores do campo. A senhora tem?

– Claro que sim, meu filho! Venha cá comigo.

Dona Tereza puxa Samuel pela mão até um outro canto da sala e mostra a ele o buquê de flores do campo. E diz:

– Você tem sorte, meu filho, recolhi essas flores hoje pela manhã. Estão fresquinhas ainda.

– Ah, dona Tereza, que bom! Vou levar esse mesmo.

Samuel pergunta-lhe o preço, ela responde. Ele paga e agradece:
– Muito obrigado, dona Tereza, a senhora é um anjo!
– De nada, meu filho! Estou às ordens, sempre que você precisar.

Samuel sai da casa da florista com uma felicidade que nem ele mesmo entende. Seu coração está cheio, repleto de boas emoções, como nunca estivera em outra oportunidade. Continua caminhando em direção à casa de Sayonara. Chega e fica com vergonha de bater palmas. Uma vergonha infundada, na verdade, fruto de sua timidez, pois ninguém possui campainha naquela ilha e bater palmas é um hábito para chamar quem está em casa.

O tímido pescador fica dois minutos ali em frente sem saber o que fazer, pensa até em ir embora. Um medo começa a tomar conta de seu coração, até que, da janela, Sayonara diz:
– Até que enfim, hein, garoto?! Pensei que ia nos deixar esperando.

Ele dá um sorriso amarelo e nada diz. Ela vai até a porta, abre-a e diz:
– Entre, menino, nós não vamos jantar aí fora!

Samuel entra e diz:
– Trouxe essas flores para você!

Sayonara abre um enorme sorriso e diz:
– Obrigada, meu amor! Você é mesmo um anjo. Há muito tempo isso não me acontece.

Samuel diz:
– Eu também trouxe esse vinho para bebermos.

Ela diz:
– Você é mesmo um lindo, Samuel!

E prossegue:
– Venha, sente-se, vamos conversar um pouco!

Ele se senta e ela fala:
– Você está muito bonito, Samuel! Essa combinação de azul e branco deixa você... – Sayonara fica pensativa por alguns instantes –... ah, não sei explicar, mas a sensação que me passa é de que o menino Samuel ficou lá fora e aqui em minha casa está um novo homem, que nem mesmo você conhece.

Samuel, já ficando enrubecido, responde:
– É... obrigado, Sayonara!

O jovem pescador fica olhando o chão por alguns segundos. E Sayonara diz:
– Ah, não, neeeem pensar! Olhe para mim. Vamos conversar, qualquer bobagem que seja, mas vamos conversar.

Ele diz:

– Eu peço desculpas, Sayonara, mas não sei como agir na companhia de mulheres. Sabe, vivi minha vida inteira na roça ajudando meu pai. A única mulher com quem tive contato foi minha mãe, – tudo isso Samuel fala olhando para a frente, sem conseguir encarar Sayonara.

Ela pega em seu queixo, faz com que ele olhe para ela e diz:

– Meu menininho, por que você tem medo de mim? Vou ajudá-lo a perder esse medo. Você é tão lindo, tão doce! Você é um grande homem e precisa ter convicção disso.

– Não é isso, Sayonara, é que...

Sayonara não deixa Samuel concluir a frase, puxa-o pelo queixo e beija-lhe a boca com uma sede que nem ela mesmo reconhece em si, um beijo longo, o beijo que ela esperava havia algum tempo.

Ela solta o queixo de Samuel, afasta seu rosto do dele, fica fitando a beleza do jovem pescador e acariciando sua face.

Ele diz (olhando para o chão):

– Eu nun...

Sayonara pega-o novamente pelo queixo, faz com que ele olhe para ela e diz de modo repreensivo:

– A partir de agora, toda a vez que você falar com qualquer pessoa, principalmente e especialmente comigo, você vai falar olhando nos olhos. Você tem medo de quê?

Samuel firma seu olhar em Sayonara e diz:

– Tá bom, você tem toda a razão.

E prossegue:

– Eu nunca tinha feito isso antes.

Sayonara nada diz, apenas fica olhando no fundo dos olhos de Samuel.

Um belo menino, de aproximadamente 5 anos de idade, adentra a sala. Esse menino entra apoiando-se em muletas e diz:

– Oi, mãe, a comida está pronta?

– Meu filho – diz Sayonara –, dê boa-noite ao visitante. Esse é Samuel, do qual eu lhe falei. Samuel, esse é meu filho Mateus.

Mateus diz:

– Boa noite, Samuel, muito prazer em conhecê-lo!

Samuel diz:

– Boa noite, Mateus, o prazer é todo meu!

Dirige-se até o menino e beija-lhe a face. Mateus abre um pequeno sorriso e Sayonara, ainda no sofá, sentada, sorri, olhando firme e de braços cruzados para o filho.

— Bem, rapazes – diz Sayonara, – vamos à mesa, não vamos deixar que a comida esfrie, né?!

Os três sentam-se à belíssima mesa posta por Sayonara.

Samuel comenta:

— Nossa, só de olhar para essa mesa, fico com água na boca. Arroz, feijão mulato, saladas e... nossa!

— O que foi, Samuel? – pergunta Sayonara.

— Você fez camarão! Como sabe que adoro camarão?

Sorrindo, ela responde:

— Eu não sabia. Digamos que eu tenha apelado para a famosa intuição feminina.

— Huuumm! – diz Samuel, já comendo.

Sayonara, sentada à mesa, fica admirando a beleza do homem que ama e pensa: "Mal sabe ele que essa intuição chama-se Zomba".

Mateus pergunta:

— Samuel, você vai namorar minha mãe?

Samuel engasga, começa a tossir. Sayonara repreende o menino:

— O que é isso, Mateus? Foi essa a educação que lhe dei? O Samuel é nosso amigo e você deve respeitá-lo, entendeu?

Cabisbaixo e em voz baixa, o menino responde:

— Perdão, mamãe. Peço desculpas, Samuel.

Samuel dá um sorriso para o menino como quem quer dizer para não se preocupar com aquilo. E continua comendo vorazmente.

Sayonara vai até o lugar em que está seu filho e serve a ele um copo de suco de laranja; depois, abre a garrafa de vinho trazida por Samuel, serve a taça do jovem pescador, a sua e diz:

— Este momento muito especial merece um brinde – ela olha no fundo dos olhos de Samuel –, pois, a partir de hoje, tudo mudará em nossas vidas.

E ainda olhando para Samuel, diz:

— E você é o grande responsável por isso tudo, Samuel!

Samuel, com sua timidez característica, fica enrubescido e sorri.

Os três acabam de jantar, Sayonara serve a sobremesa.

Samuel e Mateus devoram a sobremesa em poucos minutos. Sentam-se novamente ao sofá, dessa vez com a companhia do pequeno Mateus, e começam a conversar amenidades.

Algum tempo depois, Sayonara olha para o filho e diz:
— Mateus, anjinho da mamãe, é hora de escovar os dentes e dormir.
Ele responde:
— Está bem, mamãe.
Dirige-se ao banheiro, lentamente, apoiando-se em suas muletas, e Sayonara vai atrás do filho. Caminhando, ela diz:
— Dê-me licença, Samuel, vou acompanhá-lo e já volto.
— Fique à vontade, Sayonara! — responde o jovem pescador.
Alguns minutos depois, ela volta, com Mateus vestindo seu pijama. O menino diz:
— Boa noite, Samuel!
— Boa noite, Mateus! Durma com os anjos.
Mateus se esforça para abraçar Samuel, que inclina seu corpo à frente para receber o abraço do menino. Durante o abraço, o menino beija o rosto de Samuel e diz:
— Obrigado por ter vindo aqui, gostei muito de conhecer você!
— Eu é que agradeço por você me receber em sua casa, Mateus!
Sayonara leva o filho para o quarto. Volta rapidamente e diz para Samuel:
— Pronto, agora podemos conversar mais à vontade.
Senta-se ao lado dele, que a olha nos olhos (pela primeira vez por sua própria iniciativa) e pergunta:
— Ontem, quando ajudei você a carregar as coisas de seu quiosque, você me perguntou tudo sobre minha vida, meu passado. Agora, é sua vez de me falar de sua vida, de seu filho. Cadê seu marido, o pai dele? E essa deficiência dele? Eu não sabia disso!
Sayonara olha no fundo dos olhos de Samuel, sorri, respira fundo e diz:
— Vamos lá: fui criada por minha mãe, pois meu pai era piloto de avião e morreu em um acidente quando eu tinha 7 anos. Meu pai era estrangeiro, japonês, veio trabalhar no Brasil e daqui não saiu mais. Minha mãe é baiana e ainda vive, morando na mesma casa onde fui criada. Eles se conheceram em um baile que minha mãe foi com umas amigas e... cá estou, filha única desse casal.
Ela dá um sorriso para Samuel, que está paralisado, embasbacado, encantado, ouvindo-a falar, e prossegue:
— Bom, após a morte de meu pai, minha mãe lutou com muitas dificuldades para me educar, pois era professora (hoje está aposentada) e seu salário não dava. A pensão que meu pai deixou, ela levou nove anos para começar a receber. Eles não eram casados no papel e a família

do meu pai lá no Japão, muito tradicional e conservadora, que nunca aceitou que ele viesse casar e morar no terceiro mundo, fez de tudo durante esse período para que não recebêssemos nada dele. Contrataram um advogado brasileiro, que atrapalhou nossas vidas durante todo esse tempo. Você acredita, Samuel, que nunca conheci nenhum parente da parte de meu pai? Aliás, nem sei o nome de meu avô e minha avó paternos.

– Nossa! – diz Samuel.

Ela prossegue:

– Apesar de todas essas dificuldades, consegui passar no vestibular de jornalismo. Meu sonho de criança era ser repórter de televisão e viajar pelo mundo. Exerci a profissão durante sete anos.

Ambos caem na gargalhada. Sayonara prossegue:

– Na faculdade, conheci Sérgio, o pai de Mateus. Um idealista, também fazia jornalismo, mas sonhava em ser político. Dizia que seria presidente do Brasil.

Samuel interrompe:

– Mas onde está ele?

– Morreu... quando eu ainda estava grávida de Mateus.

– Poxa, sinto muito! – diz Samuel, sem jeito.

– Não tem problema, meu amor – prossegue Sayonara –, já desencanei disso! Essas coisas que acontecem na vida não têm volta. Mas, como eu ia dizendo, conheci Sérgio, apaixonamo-nos e fomos morar juntos. Moramos juntos por três anos. Quando eu estava grávida de seis meses, recebi em casa a notícia da morte de Sérgio, em um acidente fatal de carro. Ele estava voltando de um trabalho que havia feito para uma emissora de TV, adormeceu e entrou embaixo de um caminhão.

Samuel não tira os olhos de Sayonara, perplexo, e continua a ouvi-la.

– Quando Mateus tinha 2 anos, vim fazer uma matéria para um jornal sobre esta ilha onde estamos. Você deve saber que esta ilha é muito famosa no Brasil inteiro, não sabe?

– É, mais ou menos – diz Samuel. – Mas, Sayonara, essa deficiência do seu filho é de nascença?

Ela respira fundo e, com os olhos embaçados (e dessa vez, olhando para o chão), diz:

– Olhe, Samuel, quando eu vim fazer a matéria nesta ilha, tive a certeza de que passaria o resto de meus dias neste lugar. Após a morte de meu marido e com a chegada dessa doença misteriosa que pegou meu filho, eu não tinha mais vontade de ser jornalista, de morar em cidade grande. Quando cheguei aqui, algo me disse: "É aqui que você vai ficar, Sayonara". Bom, Mateus nasceu saudável. Quando ele começou a andar, com aproximadamente 1 ano de idade, e começou a balbuciar as primeiras palavrinhas, resolvi mostrar a ele a foto do papai. Era o que eu não devia ter feito, Samuel!

– Por quê?

– A foto que eu mostrei era do Sérgio com sua filhinha. Ele teve uma filha que morreu com 4 anos de idade, antes de eu conhecê-lo, em um relacionamento tumultuado com uma menina do bairro dele. Ele guardava aquela foto como se fosse um tesouro. Passei a notar que, toda vez que mostrava para o Mateus essa foto, ele ficava triste, cabisbaixo, parava de comer. E olha que o Mateus sempre foi um comilão!

– Sei – falou Samuel.

– Então, Samuel, ele começava a me pedir a foto apontando e balbuciava "Papá". E eu sempre alcançava a foto para ele. Um certo dia, ele pediu a foto (já estava com 1 ano e meio), era um domingo, fui para cozinha fazer o almoço. Depois de um tempo, voltei para vê-lo, ele estava dormindo com a foto sobre o peito. Tirei a foto dali, peguei meu filho no colo e o levei para a cozinha comigo.

Ela suspira e as lágrimas vêm com mais força. Samuel, sem saber o que fazer, fica olhando imóvel. Ela prossegue:

– Eu disse a meu filho que o colocaria no chão para caminhar. Assim o fiz, mas ele caiu no chão. Tentei fazê-lo andar, mas ele caía sempre. Achei que estava manhoso. Coloquei-o novamente na cama. Na hora de comer, ele não conseguia dobrar a coluna para sentar na cadeirinha. Fiquei desesperada, chamei minha mãe, que veio correndo. Fomos pro hospital, os médicos fizeram exames, não acharam nada. Fui a todos os médicos possíveis... e nada, Samuel.

Samuel diz:

– Nossa!

Ela prossegue:

– Quando eu vim fazer matéria aqui e conheci a ilha, faziam três meses que meu filhinho vivia deitado. E médico nenhum conseguia dar diagnóstico. Para resumir, uns cinquenta dias depois de ter conhecido esta ilha, eu já estava aqui com meu filho. Ele foi melhorando aos poucos, com alguns exercícios que Clarisse, uma amiga minha fisioterapeuta, quando vinha me visitar, passava para ele. Hoje em dia, ela vem menos, eu passo os exercícios para ele, que até tem andado com a dificuldade que você viu. Volta e meia, ele tem recaídas e fica totalmente paralisado. Um certo dia, no mês passado, fui beijá-lo no quarto antes de dormir e ele me abraçou chorando, dizendo que queria o pai dele, que não queria viver assim, sem pai. Que se o pai dele não fosse voltar mais, que eu desse um jeito de arrumar qualquer pai para ele. Samuel, aquilo me deixou muito angustiada! Depois disso, ele ficou 11 dias sem andar.

Samuel olha no fundo dos olhos de Sayonara e diz:

– Meu amor, conte comigo para o que precisar, estou aqui para o que der e vier. Eu quero ficar ao seu lado e ao lado dele – Samuel estranha a forma como fala aquilo tudo, pois fala sem pensar, as palavras saem de sua boca quase que involuntariamente.

E beija Sayonara. Sem entender direito o que está acontecendo, ele só tem, naquele momento, a certeza de que aquela noite está sendo um divisor de águas em sua vida.

Na manhã seguinte, Samuel, sozinho em casa, toma seu copo de café. Ele está sentado próximo à janela, olhando para o sol e tentando encontrar uma resposta para tudo que está ocorrendo em sua vida desde que chegara à ilha.

A noite anterior, na casa de Sayonara, não lhe sai da cabeça. A imagem de Mateus caminhando, apoiando-se com dificuldade, o beijo roubado por Sayonara. Em seguida, lembra-se de Kayala, de suas palavras, de seu olhar encantador e maternal.

Alguém bate à porta e interrompe sua "viagem".

Samuel atende. É Zomba, com um sorriso largo:

– Poxa, moleque, pensei que tinha fugido da ilha!

– Para de bobagem, Zomba, só estou com muitos afazeres.

– Muitos afazeres? Como assim? Faz dois dias que ninguém vê você pescando. E, que eu saiba, você vive disso!

– Ah, Zomba...!

– Hummm! Isso tá me cheirando a mulher! Tu tá saindo com alguém, moleque? É da ilha ou de fora?

– Ora, Zomba, não estou saindo com ninguém, deixe-me em paz!

Percebendo que o amigo não está muito a fim de falar de sua vida, Zomba diz:

– Bom, moleque, tudo bem, você é quem sabe. E saiba que estou aqui para o que o amigo precisar.

– Obrigado, Zomba, desculpe-me pela grosseria!

– Não esquenta! Na verdade, vim aqui por outro motivo. Moleque, tá vindo um vendaval aí, daqueles que derrubam tudo. Estou passando de casa em casa para avisar. Feche tudo, proteja tudo, para que você não perca nada.

– Nossa! – exclama Samuel. – E como você sabe disso?

– Tá vendo essa marca aqui nas minhas costas, na altura do ombro?
Zomba levanta a camisa e mostra a marca ao amigo.
– Sim, estou vendo! – responde Samuel
– Pois é, ela que me avisa.
– Como assim?
– Essa marca é de uma facada que levei há muitos anos. Para resumir, dependendo da dor que sinto nela, sei se vem chuva, vento ou qualquer coisa dessas.
Samuel fica olhando para o amigo, tentando entender, e nada fala.
Zomba prossegue:
– Bom, moleque, o recado está dado. Agora, vou embora, porque tenho de avisar aos outros moradores. Tchau!
Samuel abre a porta para Zomba e diz:
– Tchau, te cuida!
Fecha a porta, volta para a janela, olha para o sol e pensa em voz alta:
– Eu, hein?!
A noite chega. Samuel, ainda pensativo, resolve ver o mar. Chega à beira da praia, senta-se no mesmo ponto em que sempre fica, o lugar onde conhecera Kayala.
Fica ali, ora olhando para a areia, ora olhando para o mar, para o horizonte. Quer encontrar respostas para suas dúvidas. E volta a ouvir o canto belo e doce de Kayala.
Novamente seus olhos embaraçam, mas, dessa vez, ele se mantém firme olhando para a frente.
E lá vem ela, surgindo de dentro d'água, envolta em muita luz, sorrindo para ele. Ela chega à areia, aproxima-se dele e diz:
– Olá, meu menino! Você está pronto?
– Pronto para quê, dona Kayala?
Ela ajoelha-se e, acariciando o rosto de Samuel com a mão direita e o ombro com a esquerda, diz:
– Meu doce menino, eu não lhe disse que na hora certa e no dia determinado você saberia tudo sobre quem você é, sobre sua missão?
– Sim, disse sim! – responde Samuel, com a voz trêmula e os olhos arregalados.
– Pois então. Em nosso primeiro encontro, que foi a preparação para isso, fiz seu Amaci.
– O que é Amaci?
Kayala, com ternura, doçura e calma, responde:
– Meu menino, o Amaci é uma lavagem que fazemos na cabeça dos filhos de Umbanda... ou um banho, melhor dizendo. É feito com

água e ervas dos Orixás. Nesse ritual, sua coroa é purificada, para que você possa trabalhar recebendo e doando somente vibrações positivas. Menininho, você tem de fazer caridade e, para isso, precisa ser preparado e cuidado.

– Mas, dona Kayala, como farei essa caridade? O que é Umbanda?

Kayala olha nos olhos de Samuel por alguns segundos e, ainda em silêncio, pega-o pela mão direita, levanta-o e diz:

– Venha comigo.

Sem entender nada, Samuel vai guiado por ela até o mar, entram na água e vão se dirigindo para o fundo.

Ela continua segurando-o pela mão, ele já está com água na altura do peito e, inexplicavelmente, não sente o menor medo de se afogar.

De repente, tudo escurece e Samuel adormece.

Acorda debaixo d'água e, inexplicavelmente, respirando. Percebe que está nos braços de Kayala, que está mergulhando cada vez mais para o fundo do mar. Percebe também que ela já não veste mais a saia branca e a blusa azul. Está nua, tendo corpo de mulher da cintura para cima e corpo de peixe da cintura para baixo. É uma sereia, como sempre ouvira nas histórias dos pescadores da ilha.

Ele consegue respirar debaixo d'água, mas não consegue falar.

Kayala também não fala, mas, telepaticamente, comunica-se com Samuel:

"Está tranquilo, meu menino?".

Instantaneamente, Samuel responde telepaticamente a ela:

"Sim, dona Kayala, estou bem e maravilhado. Sinto-me agora muito leve, como nunca me senti antes na vida. Não sei explicar, mas é muito bom o que estou sentindo".

Kayala, ainda telepaticamente, responde:

"Que bom, meu doce menino... que bom que sua sintonia com a vibração de nossa Mãe está afinada!".

Samuel olha tudo em volta, os peixes passando. Sente-se "dentro de um aquário". E sente uma felicidade inexplicável, um amor que nem ele sabe por que ou por quem dentro de seu coração. Pela primeira vez na vida está se sentindo nobre.

Kayala, ainda mergulhando cada vez mais fundo e carregando-o nos braços, olha nos olhos de Samuel e, telepaticamente, diz:

"Menino, olhe para baixo."

Samuel olha e não acredita no que vê.

Ainda muito distante, consegue avistar terra firme bem no fundo do mar. Acha estranho, porque esse lugar, que visto ao longe parece uma ilha, não está lá como um pedaço de terra que afundou, não está debaixo d'água com "peixes passando por ali". É uma outra superfície terrestre a muitos quilômetros ao fundo do Oceano Atlântico.

Telepaticamente, pergunta a Kayala:

"Que ilha é essa, que lugar é esse?"

– Menino, não é uma ilha, é outro continente! Você estava em uma ilha na América do Sul e, agora, estamos nos dirigindo a um continente que se localiza ao fundo do mar aqui na África. Esse lugar é a minha morada e de todos aqueles que trabalham na vibração de nossa Mãe Maior. É o Reino de Iemanjá!

Samuel está fascinado, sente vontade de chorar... e, novamente, adormece.

Acorda deitado na areia, no tal continente, com Kayala acariciando-lhe o rosto. Ela, novamente, está vestida com a saia branca e a blusa azul. O que mais intriga Samuel é que ambos estão com os corpos secos, como se não tivessem viajado quilômetros ao fundo do mar.

Kayala pega Samuel pela mão direita, levanta-o e diz:

– Meu menino, vamos até aquela cabana.

Ambos se dirigem a uma cabana de palha. Ao entrarem, deparam-se com cinco lindas índias. Uma delas toma a frente e diz:

– Olá, Samuel, bem-vindo à casa de Mamãe!

– Olá – responde Samuel. – Obrigado pela hospitalidade.

Kayala dá um passo à frente e diz:

– Samuel, esta que o cumprimentou é a Cabocla do Mar. As outras, são: Cabocla das Matas, Cabocla das Sete Cachoeiras, Cabocla das Sete Pedreiras, Cabocla dos Sete Lagos. Todas, assim como eu, trabalham na vibração de nossa Mãe Iemanjá, cuidando de meninos e meninas como você. Como costumam dizer lá onde você vive, cuidamos dos filhos de cabeça de nossa Mãe Iemanjá.

Samuel, surpreendentemente, olha para Kayala e responde com firmeza:

– Eu sei. Tudo isso que a Senhora está dizendo agora, dona Kayala, eu soube no momento em que botei o pé nesta cabana. Como se alguém tivesse falado ao meu ouvido.

Kayala diz:

– Que bom, meu doce menino! Isso é um ótimo sinal...

Alguém interrompe Kayala:

– Sinal de que nosso menino está ouvindo suas intuições, Kayala! É sinal de que esse filho já consegue discernir o que eu falo em seu ouvido espiritual.

Samuel olha para trás e vê um bela mulher negra que se aproxima e beija sua testa.

Kayala diz:

– Samuel, essa é Mãe Janaína! Enquanto eu, minhas irmãs sereias que um dia você conhecerá, as irmãs Caboclas que você está conhecendo hoje, cuidamos de você e de todos os outros filhos de Iemanjá da forma que eu cuido você, assim "mais de perto", ela fica aqui em nosso continente, cuidando e fortalecendo a vibração. Ela que dá as intuições para você. Ela que acalma seu coração, tranquiliza quando você fica nervoso, tenso. Agora, Samuel, você ficará sob os cuidados dela.

Mãe Janaína, sem tirar os olhos de Samuel, diz:

– Obrigado, Kayala! Vou levá-lo, temos muito o que conversar.

Mãe Janaína estende a mão a Samuel que, instantaneamente, adormece e cai nos braços dela.

Samuel acorda em uma cama enorme e pensa: "Nossa, essa cama é gigante, a maior que já vi em minha vida".

Mãe Janaína aproxima-se, senta-se à beira da cama, perto de Samuel, e diz:

– Sente-se bem, meu filho?

– Sim, Senhora! – responde Samuel.

Mãe Janaína prossegue:

– Filho amado, antes de irmos ao encontro de Mamãe, responderei a todas as suas dúvidas. Faça todas as perguntas que quiser, pois, quando você estiver frente a frente com nossa Sagrada Mãe Iemanjá, você só poderá ter certezas, firmeza na cabeça. Dúvidas, jamais!

Samuel pergunta:

– Por que eu estou passando por isso tudo? Por que primeiro dona Kayala, agora a Senhora? Por que a Sagrada Mãe Iemanjá não apareceu para mim lá na ilha? Não seria mais simples?

– Meu filho amado, a Sagrada Mãe Iemanjá é uma Orixá. Sei que você não sabe direito o que é ser Orixá, e vou lhe explicar. Os Orixás, meu filho, são divindades regentes das vibrações, dos pontos de forças da Natureza, ou cuidam, cada um em sua vibração, de uma parte da Natureza. Você já ouviu falar de Deus e já ouviu falar da Mãe Natureza, não é mesmo?

– Sim, sim, já ouvi sim!

– Então, filho amado! O Universo é muito complexo. Os Orixás estão assentados à volta do Nosso Divino Criador Olorum, cada um cuidando de sua vibração, governando o que lhes cabe no Universo. Há aproximadamente duzentos Orixás, porém, na Umbanda, cultuamos alguns deles apenas. Você ainda vai ouvir falar sobre as Sete Linhas da Umbanda. Elas são, na verdade, os Sete Sentidos da Vida, que são regidos por 14 Orixás, em sete pares:

1) O Sentido da Fé (que se manifesta no chacra coronário, tem como elemento o cristal) é regido pelo Sagrado Pai Oxalá e pela Sagrada Mãe Logunã-Tempo;

2) O Sentido do Conhecimento (que se manifesta no chacra frontal, tem como elemento o vegetal) é regido pelo Sagrado Pai Oxóssi e pela Sagrada Mãe Obá;

3) O Sentido da Lei (que se manifesta no chacra laríngeo, tem como elemento o ar) é regido pelo Sagrado Pai Ogum e pela Sagrada Mãe Iansã;

4) O Sentido do Amor (que se manifesta no chacra cardíaco, tem como elemento o mineral) é regido pelo Sagrado Pai Oxumaré e pela Sagrada Mãe Oxum;

5) O Sentido da Justiça (que se manifesta no chacra umbilical, tem como elemento o fogo) é regido pelo Sagrado Pai Xangô e pela Sagrada Mãe Oro Iná;

6) O Sentido da Evolução (que se manifesta no plexo solar, tem como elemento a terra) é regido pelo Sagrado Pai Obaluaê e pela Sagrada Mãe Nanã;

7) O Sentido da Geração (que se manifesta no chacra básico, tem como elemento a água) é regido pela Nossa Sagrada Mãe Iemanjá e pelo Sagrado Pai Omolu (apesar de o elemento do Pai Omulu ser Terra, ele atua no Sentido da Geração como guardião da vida);

Mãe Janaína prossegue:

– Atuando pelo lado de fora desses Sentidos da Vida, como amparadores, temos:

a) O Sentido da Vitalidade, regido pelo Orixá Exu;

b) O Sentido dos Desejos, regido pela Orixá Pombagira;

Ela respira fundo e continua a falar:

– Mas, você terá bastante tempo e, na hora certa, compreenderá o significado disso tudo. O mais importante agora é você saber que todas essas Divindades estão assentadas em Tronos à volta da morada de nosso Pai Maior e Divino Criador Olorum (que o padre o ensinou a chamar de Deus). Você é um filho de pemba, veio à Terra nessa vida com missão predeterminada na Umbanda, para trabalhar na vibração da nossa Sagrada Mãe Iemanjá, porque você foi criado por Nosso Pai Maior na vibração aquática. E, para concluir, respondendo ao seu questionamento:

como Orixá que ela é, com tantos filhos, tantas cabeças para cuidar, precisa de uma falange grande trabalhando e auxiliando-a.

– Hum, sei. Dona Kayala me falou dessa missão lá na praia – diz Samuel –, mas eu ainda não entendo direito e pergunto: como cumprirei essa tal missão?

Janaína, acariciando os cabelos de Samuel, que prossegue deitado, responde:

– Amado, sua missão é mostrar o caminho do amor, da caridade, do bem e da fraternidade para seus irmãos na Terra, para todos que cruzarem seu caminho. Sua jornada é bela e longa, e você ainda vai abrir muitos caminhos e até salvará algumas vidas.

– Huuummm... – murmura Samuel.

Mãe Janaína volta a explanar:

– Continuando, doce filho, a Umbanda é a religião, a vibração, em que conseguimos encontrar a medida certa para fazermos caridade, para que os filhos possam trilhar o caminho do amor, da fraternidade e da evolução espiritual. A Umbanda, filho amado, traz ao planeta Terra o Conjunto das Leis Divinas. A verdadeira Umbanda aceita a todos e tem como principal bandeira o amor. Ela une a essência da religião africana com os Sagrados Orixás, o sofrimento dos escravos africanos que foram para o Brasil, na vibração dos Pretos-Velhos, a magia dos índios brasileiros, tão sofridos e praticamente exterminados, na vibração dos Caboclos – nesse momento, Samuel lembra-se da noite do luau de Ogum, dos Caboclos que avistou e de Oxóssi olhando firme para ele –, mas também do Povo de Rua, dos Ciganos e das Crianças, dos Marinheiros, Baianos e Boiadeiros. Enfim, filho amado, essa é sua vibração. É nela que você vai trabalhar, sob a vibração da Sagrada Mãe Iemanjá.

Samuel ouve tudo com muita atenção. Mas, por mais que tudo seja novo e complexo para ele, consegue compreender tudo sem ter qualquer tipo de dúvida. A sensação que tem é de que sempre dominou o assunto.

Mãe Janaína prossegue acariciando seus cabelos e diz:

– Agora, filho amado, você vai dormir, vai descansar. Amanhã será o grande dia de sua vida.

– Como assim? – pergunta Samuel.

– Boa noite, filho! – Mãe Janaína passa a mão direita nos olhos de Samuel, que adormece instantaneamente.

Samuel acorda, olha para a janela e vê o sol. Levanta-se, vai ao banheiro, lava o rosto e estranha por não avistar ali creme dental e nada para higiene pessoal. Nem mesmo um vaso há naquele banheiro. Somente uma pia e um espelho. Mas também percebe que, pela primeira vez em sua vida, acorda com um hálito refrescante. E conclui que, realmente, não há sentido em ter creme dental por ali.

Ele sai do banheiro, vai até a janela, fica olhando para o sol. Logo em seguida, olha para o mar e, mais uma vez, fica admirando o belo encontro entre ambos. E percebe que, ali, o brilho desse encontro é mais belo e com cores mais vivas.

Logo abaixo da janela, vê um pedaço do terreno com uma bela grama. Um rapaz jovem e forte está ali, aparando a grama com uma tesoura. O rapaz olha para cima e diz:

– Bom dia, Samuel!
– Bom dia! – Samuel responde um pouco intrigado e questionando-se: "Quem é esse rapaz que me chama pelo nome?".

Volta para a cama, senta-se no lado em que havia dormido aquela noite. Começa a olhar o quarto, olha para os panos azuis e brancos que decoram a parte superior da cama, formando um "teto de pano". Percebe também que as cortinas da janela são dessas duas cores. Vê, no lado oposto do quarto, próximo à porta, uma bela e confortável cadeira revestida com um veludo azul-celeste. Dirige-se até ela, senta-se e cochila.

Mãe Janaína entra no quarto, dirige-se até a cadeira, passa a mão direita nos olhos de Samuel e diz:

– Acorde, filho!

Ele abre os olhos e ela diz:

– Bom dia, filho amado! Teve uma boa noite de sono?
– Sim, senhora, tive sim.
– Ótimo! Venha comigo.

Ela pega Samuel pela mão, que se levanta e vai, suavemente, sendo carregado por Mãe Janaína. Saem do quarto, vão por um corredor enorme, que parece não ter mais fim. Samuel observa cada detalhe da decoração daquele lugar. Vasos, quadros, paredes, cortinas. Tenta achar alguma cor que não seja azul ou branca.

Durante a caminhada pelo corredor, uma sala chama a atenção de Samuel. Vários homens e mulheres, vestindo azul e branco, sentados em cadeiras, em silêncio, ouvem uma mulher que palestra. Com muita curiosidade, Samuel pergunta a Janaína:

– O que acontece nessa sala?
– Nesse momento, filho amado, está acontecendo a palestra de admissão. Filhos e filhas da Sagrada Mãe Iemanjá, que deixam o plano em que você vive, após passarem por outras colônias espirituais, vêm

para cá para trabalhar como obreiros em nossa vibração. E essa palestra é a primeira aula de uma longa e profunda preparação.

– Como assim? – pergunta Samuel. – Quer dizer, então, que eu estou morto?

– Não, filho amado, acalme-se! – nesse momento, Mãe Janaína leva sua mão direita ao peito do jovem pescador. – Você vai voltar para sua ilha, pois ainda tem muitas coisas a fazer por lá. Além do mais, a morte como você pensa e teme não existe. Essas pessoas apenas acabaram suas missões no plano em que viviam e estão prosseguindo sua jornada.

– Hummm... – murmura Samuel.

– Viu, doce filho? É bem mais simples do que você sempre imaginou!

– É – Samuel volta a olhar para a sala, vê na fileira de cadeiras mais próxima à porta duas pessoas que lhe chamam a atenção. Um jovem, mais ou menos de sua idade, e uma mulher, aparentando 30 anos de idade.

Ele olha para Mãe Janaína e diz:

– Muito engraçado isso, né? Olhe aqueles dois, parecem um casal. Ele tão jovem, ela um pouco mais velha...

– É, assim como você e sua menina lá da ilha – diz Mãe Janaína.

– Qual menina?

– Você sabe muito bem.

Nesse momento, Samuel começa a pensar em Sayonara. E, realmente, ele ainda não havia parado para pensar na diferença de idade entre eles.

Janaína interrompe seu pensamento com palavras:

– Mas esses que você está vendo, meu filho amado, foram um casal quando viveram no outro plano. Agora, aqui neste continente, todos são irmãos, filhos da Sagrada Mãe Iemanjá. E vamos em frente, porque temos ainda muito trabalho. Você ainda vai ter muito tempo pela frente para ficar pensando e até mesmo para curtir sua menina.

Ela puxa Samuel pela mão direita e ambos seguem em frente. Ele vai, emburrado e levemente contrariado.

O corredor, que parece infinito, acaba, eles saem pela porta da frente da casa, caminham por um jardim. Samuel olha para tudo, espantado e encantado. Pensa: "Nossa, nunca tinha visto um jardim tão colorido assim em minha vida!".

Tudo isso acontece com Samuel sendo puxado pela mão por Mãe Janaína, que caminha dois passos à sua frente, aparentemente alheia a todos os movimentos e pensamentos do rapaz.

Samuel olha para trás e vê a casa onde dormira aquela noite. Era uma casa enorme, paredes brancas e janelas azuis. Por ali, caminham muitos homens e mulheres. Samuel conclui que todos aqueles são os obreiros da Sagrada Mãe Iemanjá

Volta a olhar para o jardim, olha para o céu e pensa: "Eu realmente estou no paraíso!".

Caminham e caminham e caminham, e Samuel não se sente cansado em momento algum. De repente, avista de longe um castelo. Nunca imaginou algum dia na vida ver um castelo. É um castelo enorme.

Eles se aproximam. Quanto mais próximos estão, maior fica o castelo. Samuel só prossegue caminhando, porque está sendo literalmente carregado por Janaína, pois está embasbacado com tudo o que está vendo e vivendo.

Chegam perto da porta do castelo e param.

Samuel pergunta:

– Quem vai abrir a porta para a gente? Temos de bater palmas?

Mãe Janaína olha para Samuel, não responde à sua pergunta, sorri, volta a olhar para a frente, estende a mão direita enviando vibrações na direção da porta, que se abre instantaneamente.

Samuel, espantado, não consegue ter nenhuma reação além de um breve suspiro. Mãe Janaína, olhando para a frente, pega novamente em sua mão e, mais uma vez, carregando-o, adentram o castelo.

Caminham por um tapete azul, sobem uma escada imensa, ao final dessa escada deparam-se com outra porta. À frente dessa porta, Kayala os aguarda. Alguns passos atrás dela estão as cinco Caboclas.

Mãe Janaína saúda:

– Odoyá!

– Odoyá! – respondem todas em uníssono.

– Kayala – diz Mãe Janaína –, nosso menino está pronto. Está tudo ajeitado por aqui?

– Sim, Mãe Janaína. Nossa Sagrada Mãe Iemanjá já o aguarda.

– Ótimo! – diz Mãe Janaína, que olha para Samuel, prosseguindo. – Filho amado, você está bem? Está pronto? Saiba que você está prestes a viver um momento decisivo e também o mais importante de sua vida.

Samuel, com os olhos marejados e voz trêmula, responde:

– Sim, estou pronto. Não cheguei até aqui para recuar. Recebi uma missão e vou cumpri-la. Vamos em frente!

Mãe Janaína olha para Kayala, faz um sinal afirmativo com a cabeça. Usando o mesmo movimento com a mão direita usado anteriormente por Mãe Janaína, Kayala abre a porta. Samuel sente um sono repentino e adormece, caindo nos braços da Cabocla das Sete Cachoeiras.

Samuel acorda com um afago de Kayala em seus cabelos. Ao lado de Kayala, está Mãe Janaína olhando-o fixamente. Está em um salão enorme, sentado em uma confortável cadeira de veludo azul, semelhante à do quarto em que dormira na última noite. Sente muita tranquilidade e muita paz naquele ambiente,

Mais ao centro do salão, há uma cortina enorme com a Cabocla do Mar e a Cabocla das Matas ao lado direito, a Cabocla das Sete Pedreiras e a Cabocla das Sete Cachoeiras ao lado esquerdo, postadas como soldados que tomam conta do trono. Perto da porta está a Cabocla dos Sete Lagos, como guardiã de entrada e saída daquele Templo Sagrado.

Kayala, acariciando o rosto de Samuel com a mão direita (Mãe Janaína prossegue fitando o rapaz com ternura e firmeza), estende-lhe com a mão esquerda um copo d'água e diz:

– Beba, meu doce menino! Esse copo d'água ajudará a purificar sua alma.

Samuel bebe o copo d'água em um único gole, fica com os olhos fechados por alguns instantes, abre-os, devolve o copo a Kayala e pergunta:

– E agora, o que faço?

Mãe Janaína responde:

– Agora, filho amado, venha conosco. Vamos até o centro do salão.

Kayala caminha à frente de Mãe Janaína que, mais uma vez, carrega Samuel pela mão.

Mãe Janaína, a Sereia Kayala e Samuel postam-se em pé em frente à cortina. Ninguém diz nada ao rapaz, mas ele intui que, a partir daquele momento, deve seguir os movimentos de todas que ali estão.

De repente, uma luz branca invade o ambiente, vindo sabe-se lá de onde. A luz está por todos os lados. A cortina começa a abrir-se lentamente. Quando se abre completamente, Kayala (que está ao lado direito de Samuel), Mãe Janaína (dois passos à frente dele), além das outras Caboclas, deitam-se de bruços. Samuel segue os movimentos e faz o mesmo.

Todas "batem cabeça" encostando suas testas ao chão (Samuel prossegue seguindo os movimentos) e, em uníssono, dizem:

– Odossyá, Sagrada Mãe Iemanjá!

Samuel, seguindo-as, um pouco atrasado e timidamente, diz:
– Odossyá, Sagrada Mãe Iemanjá!
De seu trono, a Orixá Iemanjá diz:
– Podem levantar-se, meninas! Você também, meu filho, pode levantar-se!
Todas elas e Samuel se levantam. Somente após se levantar, Samuel pode perceber a beleza e magia do que está vivendo.

A Sagrada Mãe Iemanjá está sentada em um enorme trono dourado e, por estar totalmente envolta por uma luz branca muito forte, ele não consegue ver seu rosto, nem mesmo seu corpo. Apenas consegue ver sua silhueta, identifica um lindo vestido azul, mãos e pés negros e um lindo e longo cabelo negro liso.

Mãe Janaína dá mais um passo à frente e diz:
– Sagrada Mãe Iemanjá, como a senhora já sabe e, após um longo tempo de preparação, cá está um de seus filhos. Aquele que tem a incumbência de cuidar de sua vibração naquela ilha que está com problemas.

Samuel pensa: "Problemas, mas... de quais problemas ela está falando?".

A Sagrada Mãe Iemanjá começa a falar:
– Eu sei, Janaína. Meu filho, você já passou por toda a fase inicial da preparação. Kayala, que é a sereia que cuida de você, já fez seu Amaci; Janaína está acompanhando-o desde que chegou em meu reino, mas, quero que saiba de uma coisa...
– O quê?– pergunta curioso e afoito.
– Não interrompa quando a Sagrada Mãe Iemanjá estiver falando! – repreende a Sereia Kayala, de forma doce e terna.

Samuel abaixa a cabeça, envergonhado.
Mãe Janaína intervém:
– Olhe para a Sagrada Mãe Iemanjá, filho amado!
Ele volta a olhar para o Trono. A Orixá Iemanjá prossegue:
– ... É essencial, meu filho, que você saiba que cuido de você desde antes de ser gerado por sua mãe carnal. Você tem como missão nesta sua passagem pela Terra ajudar seus irmãos, fazendo caridade, curando e abrindo caminhos para quem for colocado à sua frente com essas necessidades. Sua vibração espiritual é aquática, a água é o elemento que vibra com mais força em sua essência. Quando você foi criado em um ato de amor por Nosso Divino Criador, Pai Olorum, foi entregue a mim. Tudo o que você passou, em toda a sua jornada, todas as suas encarnações, eu tenho acompanhado. Mas, falando especificamente desta que você está vivendo: desde sua concepção no útero da mulher

que lhe deu a vida, seu nascimento, crescimento, até este momento em que chegou aqui em meu Reino, foi acompanhado de perto por nós que aqui vivemos e trabalhamos. Kayala sempre trouxe boas notícias suas e Janaína (que é quem fala com você, dando-lhe as intuições) sempre foi muito entusiasmada ao me falar da forma que estava conduzindo sua jornada, filho, pois, desde menino, você sempre mostrou ter um coração enorme, capaz de abrigar um universo. Por isso, meu filho, tenha muita atenção com sua missão, trate-a com muito amor. Você foi enviado à Terra com a missão de trabalhar, ser médium, fazer caridade. E alerto para que manteha sempre essa sua conduta moral e ética, pois sua missão será muito grande!

Samuel permanece olhando para a Sagrada Mãe Iemanjá e ouvindo-a, pasmo, perplexo e estático. Ela prossegue:

– Entre outras coisas, meu filho, é preciso que você saiba que não somente Janaína e Kayala têm cuidado de você durante esta sua estada na Terra. Você vive em um plano denso, de vibrações e energias um tanto quanto pesadas e, por conta disso, a atuação daqueles que chamamos de "Guardiões", ou como costumam chamar lá onde você vive, "Povo de Rua" (que são nada mais nada menos do que espíritos em evolução pertencentes a falanges hierarquizadas por meu irmão Exu), são essenciais para que nossos filhos trilhem seus caminhos com o máximo de paz possível e, principalmente, segurança. E o homem que tem guardado você e garantido sua segurança material e espiritual aproximou-se com muita força nos últimos tempos, cuidou pessoalmente de tudo em sua vida, buscou você onde morava, levando-o até a ilha onde está agora e ficará até o final desta jornada cumprindo sua missão. Ele trabalha sob minhas ordens e responde a Kayala, passando sempre a ela o que se passa com você, meu filho! Ele sempre estará próximo para garantir sua paz e tranquilidade. Está próximo até quando você não o vê. E, sempre que você tem algum problema de ordem material, ele pessoalmente incumbe-se de cuidar de tudo.

Nesse momento, Samuel começa a pensar em Zomba. Lembra de muitos momentos, desde o barzinho próximo à casa de seus pais, do dia em que ele foi com a Kombi buscá-lo, da noite do luau, quando Zomba o levou para ver o ritual das oferendas. E pensa: "É tudo muito perfeito! Como pude ser tão idiota? Estava tudo debaixo de meu nariz!".

A Orixá prossegue:

– Meu filho, Kayala o levará embora de meu reino. O lugar onde você mora está com as energias desajustadas. As atitudes das pessoas que lá moram têm feito com que aquela ilha fique envolta por uma energia densa, uma nuvem cinza. Inveja, competições desnecessárias, fofocas, tudo isso está prejudicando o local. E, antes que seja tarde demais para ajustar as energias, minha irmã Iansã passará por lá com ventanias e tempestades. Algumas casas desabarão, pessoas morrerão. Sei que é difícil entender, mas isso se faz necessário e será a partir dessa tragédia que você iniciará o cumprimento de sua missão.

Nesse instante, Samuel lembra-se do dia em que Zomba fora à sua casa para avisar da tal ventania que se aproximava.

– Você abrirá uma casa – prossegue a Sagrada Mãe Iemanjá – humilde, modesta, mas uma casa de amor, de caridade. Lá, você trabalhará atendendo seus irmãos, desde os mais necessitados aos mais abastados. E de nenhum deles você cobrará um tostão sequer. Em troca, darei a você muitos peixes e terá seu próprio negócio. Mas, lembre-se, não admito, em hipótese alguma, que filho meu tire proveito da força que lhe dou para usar em benefício próprio, de sua vaidade, ou para ganhar dinheiro.

Ela silencia por alguns instantes, olha para Samuel e pergunta:
– Você entendeu tudo, filho? Tem alguma dúvida?
Samuel, emocionado, não consegue conter as lágrimas. Chorando, ajoelha-se, coloca os braços acima da cabeça em direção à Orixá e diz:
– Não, minha Sagrada Mãe Amada, não tenho dúvida alguma! Está tudo guardado em meu coração, já sei tudo o que devo fazer – e chorando mais, compulsivamente, prossegue falando com certa dificuldade: – Obrigado, Sagrada Mãe Iemanjá, obrigado por tudo o que a senhora me deu a vida inteira. Só posso ser grato, sou um privilegiado. Eu poderia aproveitar este momento raro, aqui, diante de Seu Trono e encher-lhe de pedidos, mas humildemente só tenho a agradecer por ter a Senhora comigo.

Ela diz:
– Então, agora vá, meu filho! Janaína e Kayala vão encaminhá-lo de volta ao seu lugar.

A cortina se fecha. Mãe Janaína pega-o pela mão direita, enquanto a Sereia Kayala enxuga suas lágrimas. Mãe Janaína diz:
– Vamos, filho amado!
Puxa-o pela mão, conduzindo-o à escada, sendo seguida por Kayala e as cinco Caboclas.

De volta à cabana de palha, onde fora recebido ao chegar àquele continente, Samuel, rodeado por Mãe Janaína, pela Sereia Kayala e as cinco Caboclas, diz:

— É impossível sair daqui, voltar para minha casa, sem agradecer a todas vocês, do fundo de meu coração. Vocês mudaram minha vida. Saio daqui com a certeza e a firmeza na cabeça do que devo fazer daqui para a frente, do que é realmente minha missão nesta vida.

Nesse momento, a Cabocla do Mar aproxima-se, abraça Samuel e diz:

— Vá com Deus, Samuel!

Ela recua, a Cabocla das Matas aproxima-se abraça-o e diz:

— Estaremos sempre contigo, Samuel! Vá em paz!

Recua, a Cabocla das Sete Pedreiras aproxima-se, abraça Samuel e diz:

— Tenha sempre em seu coração a fé e a luz! A gota de amor deixada por nossa Sagrada Mãe Iemanjá, tenha certeza, se expandirá em sua alma!

Ela recua, a Cabocla das Sete Cachoeiras aproxima-se, abraça-o e diz:

— Use, menino, de toda a beleza e a pureza que está em seu coração para auxiliar seus irmãos. Parabéns por ser como você é! Tenha paz e luz sempre!

A Cabocla dos Sete Lagos aproxima-se, abraça-o e diz:

— Odossyá, Samuel! Saravá!

Mãe Janaína aproxima-se, beija Samuel na testa, no lado direito e no lado esquerdo da face, acaricia seus cabelos olhando-o, como sempre faz, firmemente e com ternura no fundo dos olhos, respira fundo e diz:

— Meu filho amado, saiba que tenho... aliás, todas nós aqui temos muito orgulho de você! Por ser você quem sempre foi, um espírito elevado, desapegado das baixas vibrações, das coisas materiais. Você poderia muito bem já estar trabalhando aqui entre nós, mas o que seria do plano em que você vive se não houvesse por lá pessoas como você, não é mesmo?!

A Sereia Kayala sorri para Samuel, ele abaixa a cabeça, as lágrimas vêm aos seus olhos. Enxugando suas lágrimas, Mãe Janaína prossegue:

— Enfim, meu amado, é chegada a hora de seu retorno! Aqui me despeço. Nos veremos em breve. Kayala levará você de volta ao lugar de onde você veio. Vá na paz e na luz de nossa Sagrada Mãe Iemanjá, nossa Mãe Maior. Odoyá!

Samuel levanta a cabeça, olha no fundo dos olhos de Mãe Janaína e responde:

— Odoyá!

A Sereia Kayala pega Samuel pela mão e diz:
— Vamos partir, meu doce menino.
Eles partem. Alguns passos à frente, Samuel olha para trás, não há mais ninguém na cabana de palha. Eles chegam à beira do mar. Samuel diz:
— Dona Kayala, espere!
Kayala para, olha para ele e pergunta:
— O que houve?
— Quero apenas olhar para este paraíso mais uma vez. Nunca esquecerei os momentos maravilhosos que passei aqui. Nunca esquecerei que um dia estive em um lugar que possui as vibrações e a energia mais nobres que um ser humano pode sentir e compartilhar com seus irmãos.
Kayala sorri e diz:
— Essa é apenas mais uma etapa de sua caminhada, menino, faz parte de sua evolução. Você ainda terá muitas surpresas agradáveis durante suas jornadas material e espiritual!
Samuel olha para Kayala, sorri e abraça-a. E, com a voz trêmula e olhos marejados, diz:
— Obrigado, dona Kayala, obrigado por tudo! A senhora me abriu as portas do paraíso, mostrou-me quem sou e o que devo fazer. Nunca esquecerei disso, nunca esquecerei a senhora!
Sorrindo, a Sereia diz:
— Não vai esquecer mesmo, doce menino, pois vamos trabalhar muito juntos ainda! Agora, vamos embora.
Ela pega-o pela mão e ambos caminham mar adentro. E, mais uma vez, Samuel adormece.
A noite chega na ilha. Poucas pessoas estão fora de casa. Todos aguardam pela tal ventania anunciada por Zomba. Ouve-se um trovão, um som sinistro, que ecoa por aproximadamente um minuto, deixando as pessoas tensas.
Em sua casa, Sayonara está abraçada ao filho. Ela reza, pede que Deus ajude a ela, seu filho e a todos na ilha, para que ninguém fique ferido.
Mateus, chorando, diz:
— Mamãe, estou com medo!
— Calma, meu filho, vai ficar tudo bem. Eu estou aqui.
Nesse momento, um novo trovão, dessa vez seguido de um temporal e um vendaval. O vendaval apavora Sayonara, pois vem com um assovio longo e "infinito".
Mateus começa a chorar copiosamente e diz:

– Mãe, eu estou com medo, não quero morrer!
– Calma, filho, calma! – ela abraça seu filho apertando-o contra o peito e chorando com medo.

Sayonara pensa: "Onde está Samuel, ele sumiu da ilha, ninguém tem notícias dele. Na hora em que mais preciso dele, ele não está aqui. Eu que pensei tantas coisas boas sobre ele, acho que me equivoquei!".

Lá fora, o vendaval entorta árvores e a chuva castiga os quiosques e as cabanas daquelas modestas famílias.

Uma menina de aproximadamente 7 anos de idade chora agarrada a uma árvore. De trás de uma árvore perto dessa, surge um menino negro, descalço, desdentado, trajando apenas uma bermuda branca, aproxima-se e diz:

– Oi! Vamos embora daqui, você não pode ficar aqui.

A menininha pergunta:

– Quem é você?

– Chiquinho. Agora não dá para conversar. Vamos embora.

Pega a menina pela mão e correm para a cabana onde ela mora. Ele abre a porta, coloca-a dentro de casa e vira-se para ir embora. A menina grita:

– Hei, Chiquinho!

Ele se vira e olha para ela. Ela pergunta:

– Como você conseguiu correr no meio desse vento? E como sabia chegar em minha casa?

Chiquinho responde:

– Agora não posso falar. Tchau!

Vira-se e vai embora correndo e, rapidamente, some.

A menina fecha a porta da casa, sua mãe aproxima-se, abraça-a chorando e diz:

– Minha filha, que bom que está a salvo! Venha para o quarto, vamos nos proteger.

E leva a filha para o quarto.

Em sua casa, Sayonara continua abraçada ao filho e não tem mais noção de tempo, não sabe há quanto tempo essa tempestade e o vendaval começaram e tem a sensação de que nunca mais acabará esse tormento. Continua grudada ao filho e rezando.

Lá fora, quiosques já estão destruídos, algumas residências também. O vendaval começa a cessar, a chuva começa a diminuir.

Após o fim do vendaval, mesmo com a chuva fina que prossegue, alguns homens saem à rua para ver o que acontecera lá fora.

Um dos moradores da ilha, um homem negro, gordo e careca, de meia-idade, ao ver seu quiosque destruído, ajoelha-se e começa a chorar. E, chorando compulsivamente, olha para o céu e diz:

– Meu Deus, por que isso aconteceu comigo? Era meu ganha-pão, aqui eu vendia meus peixes, minhas bebidas. Por que isso, meu Pai?

Zomba anda por toda a ilha, em silêncio, observando o estrago. Passa por uma casa totalmente destruída, a família (um homem, uma mulher, uma adolescente e um pequeno menino) está sentada ao chão em frente à casa; todos estão perplexos, olhando para o nada, sem saber o que farão da vida dali para a frente.

Em sua casa, Sayonara, agora aliviada, pede ao filho (que está em seu colo) que se levante.

– Não consigo, mãe, deu aquilo de novo!

Sayonara desespera-se, mais uma vez seu filho está paralisado. Mas em momento algum demonstra ao filho seu desespero. Ela diz:

– Calma, meu filho, vou colocá-lo na cama, amanhã você vai estar bem. Você só está assustado com tudo isso que aconteceu.

Com dificuldades, Sayonara coloca o filho na cama, beija-lhe a testa e o rosto e diz:

– Boa noite, meu filho, durma bem! Se precisar de algo, chame a mamãe. Te amo!

– Tá bom, mamãe, também te amo! Boa noite!

Sayonara dirige-se à sala. Alguém bate à porta. Ela pensa: "Quem será a essa hora? Quem está na rua em uma noite dessas?".

Atende a porta. É Zomba, que diz:

– Boa noite, Sayonara!

– Boa noite, Zomba! O que você faz na rua, em uma noite dessas?

– Vim me certificar se está tudo bem com você e seu filho.

– Na medida do possível, sim, Zomba!

– Precisa de alguma coisa? – pergunta Zomba.

– Obrigada, Zomba! Só preciso agora descansar e amanhã saber quais são as reais consequências dessa tempestade em minha vida.

Zomba pergunta:

— E seu filho, como está?

— Ficou traumatizado e, por conta disso, está paralisado novamente. Vamos ver como ele acordará amanhã. E... (ela para, pensa e não prossegue.)

— O que foi? – pergunta Zomba.

— Ah, nada, deixa para lá!

— É o moleque, né? Está chateada porque ele não apareceu mais, não é mesmo?

— É, Zomba, é isso mesmo. Eu não esperava isso dele. Tinha outro conceito desse cara. Ele saiu de minha casa na última vez jurando-me amor eterno. E some, evapora, sem dar satisfação alguma.

Zomba olha para Sayonara firmemente e diz:

— Olhe, só posso lhe dizer uma coisa: o moleque está em um lugar muito especial, cumprindo parte de uma missão muito especial. Ele vai voltar. Ouça o que ele terá para falar.

— Como assim, Zomba?

— Agora preciso ir. Se precisar de qualquer coisa, sabe onde me encontrar.

Zomba dá as costas e vai embora. Sayonara vai até a porta e grita:

— Espere, Zomba, volte aqui! O que você quis dizer com isso?

Ele continua caminhando sem olhar para trás.

Ela bate a porta, fica emburrada, cruza os braços e fala:

— Não estou entendendo nada.Tem alguma coisa rolando que eu não estou sabendo!

Amanhece na ilha. O sol brilha no mar, nas árvores e em todos os cantos. Samuel acorda na areia, no mesmo lugar onde estava quando a Sereia Kayala foi buscá-lo. Com o corpo seco, como se não tivesse atravessado um oceano debaixo d'água, olha para os lados, não vê ninguém nos arredores e estranha, pois normalmente, naquele horário, os pescadores já estariam por ali e os comerciantes, abrindo seus quiosques.

Ele se levanta, espreguiça e coça os olhos. Começa a andar pela ilha e vê quiosques destruídos, árvores caídas, cabanas sem telhado, com as janelas derrubadas. Apavora-se, lembra das palavras da Sagrada Mãe Iemanjá. Dirige-se até sua casa.

No caminho para sua casa, vê um homem sentado em um toco de árvore. Um homem que nunca vira por ali antes. E Samuel conhece todos os moradores da ilha. Ele se aproxima, é um homem preto e velho, vestindo calça e camisa brancas, com cabelo e barba grisalhos. Samuel observa que o homem tem a perna direita dura, esticada, segura uma bengala com a mão direita e um cachimbo, em que pita volta e meia, com a mão esquerda. Ele se aproxima do homem e fica olhando para o Preto-Velho sem nada dizer. O Preto-Velho olha para ele e diz:

– Vá em frente, filho!

Samuel sacode a cabeça afirmativamente e, sem dizer nada, segue rumo à sua casa.

Quando chega, sem entender como, percebe que, incrivelmente, sua cabana está intacta. Ele entra na cabana, percorre a casa, olha tudo e pensa em Sayonara, Mateus, e resolve ir lá para conferir como sua amada e o filho estão.

Samuel chega à frente da casa de Sayonara, bate palmas, mas ninguém atende. Bate palmas mais uma vez. Percebe que Sayonara olha-o pela janela e nada fala. Em poucos segundos, ela abre a porta e friamente diz:

– Entre.

Samuel entra na casa; Sayonara fecha a porta, para à sua frente e fica olhando firme para ele.

Ele diz:

– Oi, meu amor, tudo bem?

Ela dá uma risada irônica e, ainda ironicamente, responde:

– Tudo ótimo, meu amor, tudo ótimo! Você desapareceu, não deu mais notícias, sumiu da ilha. Houve uma tragédia por aqui, meu filho está paralisado novamente, mas está tudo ótimo!

– Meu amor... – diz Samuel, que tenta tocar nos cabelos de Sayonara, mas, ela dá um passo para trás.

– Por favor, Samuel, meu nome é Sayonara e é por ele que você deve me chamar. Agora, por gentileza, gostaria que você fosse embora, tenho muito trabalho.

Samuel diz:

– Espere, preciso lhe explicar o que aconteceu. É muito complexo.

– O que é complexo? Você estava curtindo a vida onde?

– Você não pode falar isso, está equivocada e cometendo uma injustiça. Por favor, me escute!

– Tudo bem, pode falar! – diz Sayonara, com ar irônico e olhando para o relógio.

Samuel começa a contar para Sayonara tudo que lhe acontecera desde o primeiro encontro com Kayala na praia, até a noite em que fora levado àquela viagem ao continente submarino e tudo o que se passara lá.

Sayonara ouve tudo com muita curiosidade. É tudo muito estranho, mas, sem saber como explicar, ela acredita em tudo o que Samuel fala.

– Meu amor, olhe no fundo de meus olhos – diz Samuel. – Eu não tenho por que mentir para você. E se estou aqui é porque te amo!

Ela olha para Samuel, chorando. Ele a abraça e beija-a, com amor e saudade.

Ao final do beijo, ficam por alguns instantes abraçados. Sayonara diz:

– Meu amor, seria tudo tão mais fácil se você estivesse por aqui nesses dias!

– Eu sei, meu bem, mas agora tudo vai se resolver. Tenha fé – diz Samuel.

– Vou fazer um café para nós – diz Sayonara.

– Ah, então eu ajudo!

Ambos se dirigem à cozinha. Enquanto Sayonara pega café e açúcar no armário, Samuel fica fitando o horizonte pela janela. E mira o sol como nunca fizera antes. O sol está distante, atrás de algumas árvores. De repente, ele vê um rosto tomando forma nos raios solares. E vê Mãe Janaína sorrindo para ele. Ele se arrepia da cabeça aos pés. E ouve a voz feminina falar em seu ouvido: "Filho amado, pegue sua amada pela mão, leve-a até o quarto e cure o menino".

Samuel não acredita no que acabara de ouvir. Como faria isso? Um medo repentino toma conta de seu coração e, nesse instante, olha para o sol, lá está o rosto de Mãe Janaína, sorrindo para ele.

Mais uma vez, a voz fala ao seu ouvido: "Você não tem motivos para ter medo, você teve o privilégio de ser preparado no Reino de Iemanjá. Você acha que todos vão até lá e passam pelo que você passou? Vá lá agora, e cure o menino!".

Nesse instante, Samuel pega Sayonara pela mão e puxa-a em direção ao quarto.

Sem entender nada, ela pergunta:

– O que houve, meu amor?

– Você vai entender.

Chegam ao quarto, Mateus ainda dorme. Samuel olha para Sayonara e diz:

– Meu amor, preciso que você confie em mim e faça o que vou pedir.

– É claro que confio, meu amor! – diz Sayonara.

– Então, preste atenção: pegue dois baldes grandes e peça para alguém enchê-los com água do mar e trazê-los até aqui.

– Está bem! – diz Sayonara.

Sayonara vai até a rua com dois baldes vazios e pede para um menino da vizinhança encher os baldes com água do mar levar até sua, casa e promete dar-lhe uns trocados.

Em meia hora o menino bate à porta de Sayonara, entrega os dois baldes cheios de água do mar.

Ela dá os trocados a ele, que vai embora feliz, com a sensação e o semblante de quem ganhou o dia.

Samuel vai até a porta e ajuda Sayonara a levar os baldes para o quarto. Nesse instante, Mateus acorda, olha para eles e, ainda sonolento, diz:

– Mãe, Samuel...

Samuel diz:

– Bom dia, Mateus, meu amiguinho! – enquanto fala com o menino, Samuel posiciona os baldes d'água no pé direito e no pé esquerdo da cama, respectivamente.

E, com voz suave e terna, prossegue:

– Olhe, eu quero lhe pedir uma coisa: fique calmo, deitado aí, tranquilo e despreocupado, está bem?! Vamos cuidar de você.

– O que você vai fazer? – pergunta Mateus.

– Acalme-se, vou dar um presente para você.

Sayonara fica observando aquilo tudo, sem entender direito o que está acontecendo. Mateus diz:

– Presente... que presente, Samuel?

– Você já vai ver, amiguinho!

Nesse instante, Samuel passa a mão direita nos olhos de Mateus, que adormece instantaneamente. Sayonara descruza os braços, põe a mão direita na boca, pasma. Samuel, com a voz embargada e sem olhar para ela, diz:

– Sayonara, concentre-se e reze. O dia mais esperado de sua vida chegou.

Sayonara põe as mãos cruzadas em posição de oração e, ainda sem olhar para ela, com a voz mais embargada, Samuel diz:

– Não, filha, não cruze as mãos! Ponha-as para cima, assim...

Ele eleva as mãos e ela repete o gesto.

Nesse instante, já sentindo que não dominava mais seus movimentos, Samuel olha para a porta do quarto e vê Kayala. Pela primeira vez, ela não tem a forma carnal e sim forma etérea. Pela primeira vez, ele a vê como um espírito envolto em muita luz. Ainda mantendo consciência parcial, Samuel sabe que é a única pessoa naquele ambiente que pode vê-la.

A Sereia Kayala sorri para Samuel e, nesse instante, vai até ele, mas não caminha, chega até ele na velocidade de um raio, em uma fração de segundos. Para ao lado dele, estende a mão direita sobre a barriga de Mateus e ele, involuntariamente, repete o movimento. Começa a fazer movimentos circulares no sentido horário sobre a barriga do menino e Samuel, sem dominar seus movimentos, repete o que ela faz.

De repente, Kayala não está mais ao lado de Samuel. Ele sente duas pernas sobre seus ombros, como se alguém montasse sobre ele.

Ele passa a vibrar sobre a barriga do menino com a mão esquerda em movimentos circulares no sentido anti-horário, depois, faz o mesmo no peito de Mateus.

Sayonara, sem entender nada, fica olhando para Samuel. Ele começa a cantar um ponto de Iemanjá. Em seguida, entoa o mesmo cântico que Kayala entoa no fundo do mar, aquele do qual os pescadores sempre falaram. Eleva as mãos sobre sua própria cabeça e começa a rodar, entoando o cântico cada vez mais alto.

Dá um salto para trás e sente as duas pernas saindo de seus ombros, sendo catapultadas. Segura-se na parede para não cair, está com os olhos arregalados e ofegante. Nesse instante, ouve novamente a voz feminina, a voz de Mãe Janaína: "Filho amado, acorde o menino agora!".

Ele se dirige à cama, põe a mão direita no peito do menino e diz:

– Acorde agora, Mateus!

O menino acorda, olha para Sayonara, para Samuel, e pergunta:

– O que aconteceu?

Sayonara tenta falar algo, mas a emoção é mais forte e ela começa a chorar suavemente. Samuel diz:

– Nada demais, Mateus, você apenas foi tratado!

– Tratado... como assim? Mãe, o que está acontecendo?

Antes que Sayonara fale algo, Samuel intervém:

– Amiguinho, você vai levantar dessa cama agora e vai tomar um banho. Depois do banho normal, você vai jogar sobre sua cabeça esses dois baldes que estão ao pé de sua cama. Eles contêm água do mar. Depois desse banho, você poderá jogar fora essas muletas. Venha, eu e sua mãe vamos ajudá-lo até o banheiro, mas, para que tudo dê certo, você precisa tomar o banho sozinho.

O menino obedece, levanta-se e fica sentado na cama. Sayonara traz as muletas para ele, enquanto Samuel leva os baldes até o banheiro, colocando-os perto do chuveiro. Sayonara posiciona um pequeno banco embaixo do chuveiro, onde põe o filho sentado. Mateus lá fica para o banho. Sayonara fecha a porta e volta para o quarto. Quando lá chega, vê Samuel olhando fixamente para a janela. Ele está olhando novamente para a rua e vê, dessa vez de corpo inteiro, Mãe Janaína sorrindo. Ele sente ser aquele o sorriso da aprovação. E ouve: "Parabéns, filho amado, esse foi o primeiro grande passo de sua missão!".

É interrompido por Sayonara, que diz:

– Amor, explique-me tudo isso que aconteceu?

Ele olha para sua amada e diz:

– Claro, com certeza! Aliás, preciso mesmo lhe explicar, antes que Mateus volte do banho. Meu amor, acho que agora você compreende tudo o que expliquei antes para você, do que aconteceu comigo, de minha ida ao Reino de Mãe Iemanjá. Olhe, o que foi feito aqui hoje foi um trabalho aparentemente de cura, mas também, e de alguma forma, foi uma desobsessão.

– Como assim, amor? – Sayonara pergunta, com voz trêmula.

– Primeiramente, saiba que, após esse banho, Mateus sairá do banheiro sem se apoiar em nada, e nunca mais precisará disso. Caminhará normalmente para o resto da vida.

Sayonara, chorando, abraça-se a Samuel e diz:

– Amor, obrigada, obrigada, obrigada, eu te amo, eu te amo, eu te amo!

– Eu sei – diz Samuel, afastando-a e olhando em seus olhos. Também te amo, mas preciso que você me escute agora.

Enxugando suas lágrimas, Sayonara diz:

– Está bem, sou toda ouvidos.

Samuel prossegue:

– Sayonara, seu marido, pai de Mateus, não se conformou com a morte. Estava apegado ao filho. Junto a ele, a filha falecida, também ficava apegada a Mateus. Ela, inclusive, abraçava-se na cintura do irmão e era isso que o fazia caminhar com dificuldades ou até mesmo ficar alguns períodos sem caminhar, dependendo da carga que ela, involuntariamente, transmitia. Quando seu marido morreu, ela estava no carro com ele.

– Então – diz Sayonara –, ela provocou a morte dele, mesmo que involuntariamente?

Samuel diz:

– Sinceramente, meu amor, eu não sei precisar se a morte dele foi antecipada por conta disso, por conta dessa obsessão por parte da filhinha ou se era a hora dele. Até porque ele atraía o espírito dela através do pensamento. E isso, de alguma forma, foi prejudicial para ambos. Mas, o fato é que tanto ela quanto ele hoje encontraram a luz que necessitavam e foram encaminhados para um hospital no plano astral.

– Ai, graças a Deus! – diz Sayonara, aliviada.

– Agora, – prossegue Samuel –, o trabalho deverá continuar. Você será minha grande aliada no cumprimento de minha missão.

– Serei mesmo, pode ter certeza! – diz Sayonara.

– Amanhã, volto a pescar, pois preciso juntar dinheiro para abrir a casa de caridade.

Sayonara diz:

– Amor, você pretende fazer isso em sua casa?

– Não sei ainda.

– Meu amor, venha morar comigo e com Mateus.

Samuel, satisfeito e sorridente, diz:

– Não vou pensar duas vezes, eu aceito.

O casal beija-se e é interrompido pelo menino Mateus, que murmura:

– Humhum...

Eles olham para o menino, que diz:

– Olhe mãe, olhe Samuel, estou caminhando sozinho, sem me apoiar em nada. Pela primeira vez na vida, não sinto peso para caminhar, mãe. Samuel, não sei o que você fez, mas sei que foi coisa boa. Muito obrigado...

Samuel abaixa-se e abraça o menino, que prossegue:

– ... Meu pai!

Sayonara começa a chorar, abaixa-se e abraça-se aos dois. Os três ficam abraçados.

Observando tudo do lado de fora da casa, a alguns metros, a Sereia Kayala e Mãe Janaína entreolham-se com satisfação. Mãe Janaína diz:

– Bom... missão cumprida! Vamos embora, temos outros afazeres.

A Sereia Kayala diz:

– É, vamos para casa. Amanhã eu volto para ver como está tudo, afinal, o Guardião está aqui para cuidar dele.

– Então, vamos agora! – diz Mãe Janaína.

A aproximadamente 500 metros da casa de Sayonara, Zomba está parado, observando tudo. Ele está com o semblante um pouco diferente do normal, um pouco mais pesado, mas mais sorridente, visivelmente satisfeito. Ele fuma um charuto, bebe cachaça em uma cumbuca de madeira. No chão, ao lado do seu pé esquerdo, uma vela bicolor vermelha e preta acesa, cravada na areia, um cravo vermelho e uma garrafa de cachaça.

Uma bela mulher negra, de cabelos longos, aproxima-se. Ela veste um lindo vestido vermelho, brincos de argolas grandes, usa muitas joias no pescoço, muitas pulseiras e alguns anéis nas mãos. Ela diz:

– Boa noite, moço!

– Boa noite, Maria Padilha! – responde Zomba.

Ela solta uma gargalhada. Ele diz:

– Você está rindo de quê?

– Eu cheguei aqui hoje, perguntei por você e ninguém soube me dizer quem era. Quando dei suas características, me disseram: "Ah, mas este é o Zomba!". Que nome você foi arrumar, hein, moço?!

Ele dá uma risada, bebe um gole da cachaça, pita o charuto e diz:

– Era necessário, para que meu moleque pegasse confiança em mim. Deu tudo certo.

– É, eu sei. Então, moço, vamos dar uma volta? A noite está linda, a lua está maravilhosa!

– Vamos sim. Agora que meu moleque e a menina que você cuida estão bem e juntos, vamos nos divertir!

Ele solta uma gargalhada que ecoa pela ilha, estende o braço a ela, que enlaça seu braço no dele e ambos saem andando e gargalhando em direção a algum lugar onde haverá muita música, comida, bebida e diversão.

Samuel está morando com Sayonara e Mateus. Formam uma família feliz e harmoniosa. Seus negócios se impulsionaram de tal forma que ele abriu o maior quiosque de venda de peixes da ilha. Passou a ser o pescador comerciante que mais fatura na região. Vendeu sua casa e construiu uma cabana ao lado da casa onde mora com Sayonara e Mateus, que se chama "CABANA DA SAGRADA MÃE Iemanjá".

Nessa casa, Samuel atende a quem o procura, trabalhando nas vibrações de Umbanda com cura, desobsessão e abertura de caminhos. E não cobra um centavo de quem quer que seja.

Imagino que você queira saber onde fica essa ilha, que queira ir até lá para conhecer Samuel e seu trabalho espiritual.

Então, faça o seguinte: vá até a beira do mar, admire as ondas, o horizonte, o sol ao fundo, o céu azul contrastando com as águas. Divirta--se vendo peixes saltando para fora d'água e voltando rapidamente para seu *habitat* natural...

Sintonia Vibratória

– Filha, bote vinho nessa cumbuca e dê para Negro Velho, que a cachimba Negro Velho já aprontou e já vai pitar.
– Tome, meu Pai!
– Obrigado, filha! Filha, a senhora precisa melhorar nos pensamentos que ficam batendo nesse coco.
– Por que, meu Pai, onde estou errando?
– Não é o caso de errar. A senhora só precisa firmar seus pensamentos com coisas boas. A senhora tem de ser mais positiva. O pensamento e a palavra têm uma força muito grande, filha! O que a senhora direciona com seus pensamentos é o que a senhora vai chamar para o seu lado.
– Mas, meu Pai, eu muitas vezes não sei o que fazer de minha vida! Me dá um desânimo, uma depressão, uma moleza! Ah, para falar a verdade, me dá vontade de desistir de tudo. Até em me matar já andei pensando.
– Eu sei, filha! E foi por isso que a senhora acabou aqui na minha frente. A senhora só não fez essas bobagens porque tem um anjo da guarda muito forte, que protege muito a senhora. E foi ele que trouxe a senhora até aqui. Agora, feche os olhos e se concentre.
– Pronto, meu Pai!
– Então, agora, mesmo com os olhos fechados, a senhora está sentindo que estou descarregando a senhora com um galho de arruda e água...

— Estou sentindo sim!

— Então, filha, a senhora vai ficar quietinha, concentrada, com os olhos fechados e vai deixar sua vibração trabalhar.

— Eu estou em uma mata, estava correndo, mas agora parei de correr. É estranho, antes me sentia perdida na mata, mas agora me sinto segura.

— Concentre, filha, concentre!

— Eu estou concentrada, mas preciso falar o que está se passando. Estou aqui, de olhos fechados, concentrada, mas falo sem pensar, sem querer.

— Ihihihihih! É, filha, é seu anjo da guarda que está próximo e se manifestando!

— Meu Pai, meu Preto-Velho, vejo um índio correndo, ele corre à minha volta e eu sinto uma paz, não sei como explicar. É uma paz como nunca senti antes. Agora ele parou à minha frente, ajoelhou-se. Surgiu uma luz à frente dele, uma luz muito branca. Dentro da luz tem um homem negro enorme, com um arco atravessado no peito, flechas e um chapéu enorme.

— Calma, filha! É seu Pai Oxóssi, seu Orixá de frente, seu Pai de Cabeça. O Caboclo é o guia que cuida da senhora.

— Ai, Pai...!

— Pode voltar, filha, abre os olhos.

— Minha nossa, Pai, que revolução! O que foi tudo isso?

— A senhora sintonizou com sua força, com sua vibração. A senhora permitiu que seu Orixá e seu Guia de Cabeça cuidassem da senhora.

— Eu estou me sentindo bem melhor, Pai! Mas me explique melhor essa coisa toda...

— Filha, os Orixás são divindades regentes das vibrações, dos pontos de forças da natureza, são os governadores da Criação de nosso Pai e Divino Criador Olorum. Sua vibração é da mata, seu Sentido da vida é o Sentido do Conhecimento, que é o sentido que se manifesta no chacra frontal. Por isso, a senhora é filha de Oxóssi. E, por isso, a senhora tem um Caboclo guiando sua cabeça. Não é à toa, filha, que a senhora sempre gostou de ter plantas em casa, flores...

— É verdade, Pai! Mas, quem é esse Caboclo?

— Na hora certa a filha vai saber. Ele vai se manifestar e vai dizer.

— Como assim?

– Não tenha medo, filha, a senhora é médium e vai cumprir sua missão. Na hora certa, a senhora vai começar a trabalhar como cavalo desse Caboclo, para fazer caridade para filhos aqui da Terra, seus irmãos.

– Ai, meu Preto-Velho, ao mesmo tempo em que fico fascinada com isso tudo, me dá um medo!

– Ihihihihih! Não precisa ter medo, filha! A senhora acha que seu Caboclo vai lhe fazer mal, vai fazer algo para prejudicar a senhora? Claro que não! Na verdade, seu Guia e seu Orixá são os únicos amigos de verdade que a senhora tem.

– É, Pai, o senhor tem razão. Mas o que devo fazer agora?

– A senhora deve esperar a hora determinada. O que precisa fazer agora é se cuidar, se limpar para que esteja preparada quando chegar a hora.

– E como faço isso?

– A senhora vai acender uma vela verde de sete dias para o Pai Oxóssi e para seu Caboclo toda semana, com um copo d'água ao lado, e vai rezar pedindo para que eles protejam a senhora e mantenham sua cabeça limpa, inacessível às vibrações ruins. E, de vez em quando, venha aqui conversar com Negro Velho. Quando a filha menos esperar, já estará trabalhando.

– Eu vou fazer isso. Ai, meu Pai, muito obrigada por tudo, muito obrigada mesmo!

– Não agradeça, filha, Negro Velho está aqui para isso!

– Sua bênção, meu Pai!

– Deus te abençoe, minha filha. Vá na paz do Sagrado Pai Oxalá!

O Brilho da Lua

Era noite de lua cheia naquela pequena cidade do interior. Aquele menino olhava para a lua todas as noites e ficava imaginando que lá devia morar alguém. Não era possível que não houvesse ninguém por lá. Pensava: "Tudo bem, as estrelas são pequenas, não cabe nem formiga lá dentro, mas a lua é grande, tem de haver alguém morando lá!"

Um dia, sua prima mais velha contou que ouvira de seu pai que São Jorge morava lá na lua. O menino, intrigado, pensou: "Eu vou ficar aqui a noite inteira, esperando para ver São Jorge lá na lua. Sempre que eu olho, nunca vejo...!".

Infelizmente, seus planos foram por água abaixo. Sua mãe foi até a porta e gritou:

– Rafael, vem logo pra dentro, moleque! Amanhã você tem aula!

Rafael, um menino de 10 anos de idade, era filho único de um casal que vivia da lavoura naquela pequena cidade. Sua mãe cuidava de praticamente tudo, pois muitas vezes seu pai saía para jogar baralho com os amigos, chegava tarde e não acordava cedo para a labuta no dia seguinte. Sua mãe sempre dizia:

– Menino, menino, você precisa estudar, não é possível que você siga essa vida que eu e seu pai "tamo" levando. Estuda, moleque!

A escola onde Rafael estudava ficava a alguns quilômetros de sua casa, que era na roça. Sempre pegava carona na Kombi de um vizinho que saía cedo para entregar leite na cidade. Era discriminado por muitos em sua escola porque usava roupas rasgadas, na maioria das vezes ia de chinelos. Não tinha amigos. Na hora do recreio, sempre ficava isolado de todos. Mas aproveitava esse momento para ler. Sempre ia à biblioteca da escola e perguntava à Dona Esmeraldina, a bibliotecária:

– Bom dia, dona Esmeraldina! Tem algum livro bom que eu possa ler?

Dona Esmeraldina admirava aquele menino. Era o único aluno daquela pequena escola que procurava a biblioteca espontaneamente. Os outros só apareciam por lá acompanhados de seus professores ou por ordens expressas deles.

– Bom dia, meu filho! Claro que tem. Já reservei aqui. Veja esse, conta a vida de Cristóvão Colombo, o descobridor da América.

– Humm... – respondeu o menino.

O tempo foi passando e Rafael não perdia a oportunidade de sempre ler livros novos. A essa altura, já tinha autorização da escola para pegar livros na biblioteca, levá-los para casa e devolvê-los em uma semana. Foi a maior conquista de sua vida, até então.

Já com 16 anos, Rafael, incentivado por sua mãe e com muita dificuldade, foi morar na capital. Sua mãe juntou alguns trocados com muito sacrifício e comprou a passagem. Entrou em contato com uma prima de seu marido que lá morava e obteve dela o aceno positivo para que Rafael morasse em sua casa.

Ao telefone com a prima do marido, disse:

– Olhe, Santina, você sabe que nós levamos uma vida humilde, não tenho o que oferecer para você e nem sei como agradecer. Ele é meu único filho, quero muito que ele estude. E aqui, nessa roça, não quero que ele fique. Vai acabar virando roceiro e bêbado igual ao pai dele.

– Pode deixar, querida! Eu tenho um quartinho aqui.

– Mas olhe, também nas horas vagas você pode dar afazeres para ele, para ajudar na casa. Meu menino é trabalhador, graças a Deus!

No dia da viagem, lá estavam na pequena rodoviária Rafael, seu pai e sua mãe. Despediram-se e o ônibus partiu. Seu pai olhou o ônibus até ele sumir de seu raio de visão com os olhos marejados. Sua mãe, com um lenço, enxugava as lágrimas que não paravam de correr.

Rafael chegou à capital e foi recebido por Santina e Adalberto, seu marido. Moravam sós e não tinham filhos.

Chegando em casa, Santina levou Rafael até uma pequena casinha de madeira, bem velha, construída nos fundos do quintal. Ao lado dessa casa, que passaria a ser a residência de Rafael, havia um abacateiro.

Rafael parou e ficou olhando para o abacateiro.

– Venha, menino! – disse Santina

Ele a acompanhou. Ela perguntou:

– Você gosta de abacate?
– Gosto sim. Lá na roça eu comia bastante.
– Hum, sei!
Naquela noite, Rafael abriu a janela de sua nova casa e pensou: "Vou ver a lua. Será que aqui na capital a lua é mais bonita que lá na roça?".

E parou para admirar a lua nova, naquela noite, até sentir sono e deitar-se.

Adalberto bateu à porta naquela manhã de sábado:
– Rafael, venha tomar café – falou com voz rouca e em tom seco.

Rapidamente, o menino levantou-se, foi ao pequeno banheiro que se localizava do lado de fora, ao lado esquerdo da porta de entrada da casinha, lavou o rosto e dirigiu-se rapidamente à casa da frente. Seguia as orientações de sua mãe e não queria fazer nada errado, não queria ser repreendido, afinal aquela família estava lhe dando acolhida.

Durante o café, Santina olhou para Rafael e perguntou:
– Menino, você trouxe dinheiro? Você precisa pegar ônibus para ir para a escola a partir de segunda.
– Eu tenho aqui um pouquinho que minha mãe deu.
– Muito bom – disse Santina.

Adalberto falou:
– É, moleque, nós já estamos lhe dando casa e comida. Já está mais do que bom, não é mesmo?

Rafael, envergonhado, de cabeça baixa, respondeu:
– É, sim... senhor.

Na primeira semana, Rafael foi à escola de ônibus com o dinheiro que a mãe lhe dera, mas sabia que para a próxima semana não teria dinheiro. Pensou: "Preciso achar uma solução para isso. Como farei?". E pensou, pensou, até que teve uma ideia, mas, pela primeira vez, essa ideia não vinha pelo seu pensamento, era na verdade a voz de um outro menino sussurrando ao seu ouvido, que disse:

– Hoje à noite, abra a janela, olhe para a lua. Você terá as respostas que precisa, Rafael.

Naquela noite, jantou com Santina e Adalberto, ansioso para ir a seu quarto e olhar para a lua. Após o jantar, despediu-se do casal.

Santina olhou para Adalberto e disse:
– Tu toma tenência, homem! Esse moleque é meu parente, é filho de meu primo! Tu trata o moleque como se ele não existisse!

— Ah, mulher, para com isso! Você forçou a barra para trazer esse pivete para cá, agora não venha me cobrar. Aliás, pensando bem, já que ele está aqui mesmo, vou arrumar coisas para ele fazer.

— Adalberto, ele veio aqui para estudar, eu assumi esse compromisso com a mulher de meu primo.

— Deixe comigo!

Adalberto foi para o quarto. Santina ficou intrigada, sabia que teria problemas com aquele menino em sua casa, mas não tinha como negar estada a ele, era sangue de seu sangue. Havia aprendido, durante a infância e a adolescência no interior, que a família estava acima de tudo.

Depois que conheceu Adalberto e mudou-se para a capital, tentava manter esses valores, mas não era bem assim que as coisas aconteciam. Adalberto ficava mais de seis meses sem procurar sua mãe, quase nunca procurava os irmãos. Pensou: "Tenho de tratar Rafael como se fosse meu filho, já que não tenho e Adalberto não pode ter".

Rafael escovou os dentes, vestiu seu pijama, abriu a janela de seu quarto e ficou olhando a lua. Ouviu, ao longe, um galope. Pensou: "Ué, tem cavalo aqui na capital também? Será que chegou alguma visita para a prima Santina?".

Olhou para onde seu raio de visão alcançava e não viu cavalo algum. De repente, ouviu a mesma voz do menino que ouvira horas antes:

— Rafael, fique atento, eu vou chamá-lo e ele vai falar com você.

"Será que estou ficando maluco?", pensou Rafael, que, mesmo assim, não sentiu medo algum do que estava acontecendo.

Rapidamente, ouviu outra voz. Era uma voz grave, retumbante:

— Meu filho!

Rafael ficou mais atento, inclinou a cabeça para a esquerda, como se estivesse elevando sua orelha direita para ouvir a voz que por ali chegava.

— Meu filho amado, não se preocupe com os problemas que surgirão a partir de agora. Você encontrará várias dificuldades em seu caminho, mas elas serão testes, provas, pelas quais você deverá passar. No final, você terá a grande vitória.

Rafael nada falou, apenas pensou: "Quem é o senhor? Do que está falando?"

E ouviu a resposta:

— Fique tranquilo, na hora certa você saberá de tudo. Agora, só precisa saber que, quando estiver achando que está tudo perdido, deverá lembrar que não está e nunca estará desamparado. Aguarde, o Pequeno voltará a falar com você.

Em poucos segundos, ouviu novamente a voz do menino:

– Rafael, você deve continuar estudando e enfrentando todos os obstáculos que aparecerão de cabeça erguida. Aparecerão vários. Em hipótese alguma deixe de ir à escola, por mais que você se sinta perdido e sem alternativas. Busque livros, leia, informe-se sobre tudo o que você puder. A informação e o conhecimento trarão a liberdade que você precisa. E quanto à sua preocupação por não ter dinheiro para ir à escola na semana que vem, fique tranquilo, saia mais cedo na segunda-feira e vá a pé. O caminho ficará mais curto para você. Tchau!

Rafael achou estranho aquilo tudo, mas, ao mesmo tempo e sem saber como explicar, sabia que podia confiar em tudo e seguir o que lhe fora dito.

A semana passou. No sábado, após o almoço, Adalberto chamou Rafael.

– Ô garoto, venha cá!

Rafael, sempre humilde e obediente, foi até o pátio para ver o que o marido da prima queria.

– Olhe só, moleque, está vendo todo esse lixo que está aqui no pátio? Você vai levar para um terreno baldio que tem aqui perto.

– Sim, senhor – respondeu o menino.

Rafael passou o resto daquela tarde de sábado (em que havia planejado estudar) carregando lixo para o tal terreno. Não era uma grande quantidade de lixo, mas Aldalberto lhe dera, para recolher o material, uma pequena sacola plástica e mais nada.

À noite, cansado, sentiu-se sem forças. Nem abriu a janela para ver a lua. Acabou dormindo cedo.

No domingo, Adalberto, após o café da manhã, levou o menino a um outro terreno baldio que havia nas redondezas e ordenou que capinasse toda a propriedade.

E Rafael ousou perguntar:

– Mas, seu Adalberto, esse terreno é do senhor? Se é baldio e não lhe pertence, para que capinar o que é dos outros?

Adalberto deu um tapa na nuca de Rafael e disse:

– Cale a boca, moleque! Faça o que eu estou mandando e não me faça perguntas. Volto no fim do dia para ver se está tudo certo.

Durante o almoço, Santina perguntou:

– Meu amor, cadê Rafael?

– Capinando o terreno da outra quadra.

— O quê? Você está ficando maluco?! Aquele terreno baldio?! Para que isso, Adalberto? Para que tanta maldade? Já lhe falei, o menino é meu sangue, veio aqui para estudar. Se meu primo e a mulher dele descobrem isso, como fico perante minha família?

— Ah, não encha, Santina! Até parece que tua família te procura.

— Nós não nos procuramos com frequência, mas sempre nos respeitamos, homem de Deus! Se você não valoriza sua família, saiba que eu valorizo muito meus laços sanguíneos.

— Não me encha! — exclamou Adalberto abandonando o prato de comida à mesa e dirigindo-se ao quarto, quando Santina falou:

— Você, desde que Rafael chegou aqui, está mostrando um lado seu que eu não conhecia, mesmo estando casada com você esses anos todos. Mas eu sei o que é isso, você está revoltado, recalcado. A presença de meu primo aqui faz você lembrar que não pode ter filhos.

Adalberto parou, respirou fundo, deu meia-volta, parou na frente da mulher e disse aos berros:

— AGORA CHEGA, CALE A BOCA!

— A verdade dói, né, Adalberto?! Pois saiba que ninguém neste mundo, muito menos meu primo, tem culpa de você ser estéril!

Adalberto deu uma sonora bofetada na face de Santina. Ela levou a mão ao rosto e, chorando, disse:

— Nunca mais faça isso, Adalberto, nunca mais! Em tantos anos, nunca vi você assim, nunca imaginei que você fosse capaz de chegar a esse ponto!

E saiu correndo para o quarto, chorando. Adalberto saiu de casa, bateu a porta com raiva e foi para o botequim.

Bebeu até o sol cair. Foi até o terreno baldio, lá estava Rafael já sem camisa, suando.

— O que foi, moleque? Você não capinou nem metade do terreno!

— Desculpe-me, seu Adalberto, mas não estou conseguindo, estou sem forças.

— Ah, fala sério! Vamos embora, amanhã você continua.

— Mas, seu Adalberto, amanhã eu tenho de ir para escola.

— É, mas você não vai! Você só vai para a escola agora quando terminar o serviço neste terreno. Vamos embora, pegue tudo aí.

Rafael juntou o material para ir embora. Quando já caminhava à frente de Adalberto, ouviu o marido da prima resmungar:

— Moleque molenga, não serve para nada!

E levou um chute nas costas, quase caindo ao chão. Só não caiu porque usou a pá para se apoiar.

Já em casa, tomou banho e foi jantar, cabisbaixo e em silêncio. Despediu-se educadamente de Adalberto (como se nada tivesse acontecido), de Santina e foi para o quarto.

Poucos minutos depois, Santina bateu à porta do quarto.

– Sou eu, Rafael, posso entrar?

– Claro, prima, a casa é sua!

Ela entrou, ele estava sentado na cama. Aproximou-se dele, passou a mão em seu cabelo e disse:

– Nada disso, priminho, o quarto é seu! Essa casinha é modesta, velha, mas é seu cantinho. Essa casinha e o abacateiro são seu lar! – e sorriu para o primo.

Rafael, ainda sentado, abraçou a prima que continuava em pé, encostou a cabeça em sua barriga e disse:

– Obrigado prima, muito obrigado por tudo o que você está fazendo por mim!

– Não, primo, eu é que devo lhe pedir desculpas. Não leva a mal tudo o que e Adalberto está fazendo, ele está perturbado. Olhe, não sei o que está acontecendo. Ele nunca foi assim, viu?

– Não se preocupe, prima.

Levantou-se, olhou para Santina e disse:

– Olhe prima, eu não quero atrapalhar em nada. Se precisar, eu saio daqui.

– Você está ficando maluco, menino? Eu abri a porta de minha casa para você, você é meu sangue. Vai morar onde, na rua?

– Ah, prima, eu me viro!

– Nada disso, deixe o Adalberto comigo!

Rafael abaixou a cabeça, sorriu e disse:

– Tá bom, prima, tá bom!

Santina despediu-se dele e foi dormir. Ele aproveitou a ausência da prima, abriu a janela e olhou para a lua. Pensou: "Meu Deus, o que eu faço agora? Não posso perder a escola. E seu Adalberto quer que eu continue capinando aquele terreno".

Nesse momento, ouviu a voz do menino:

– Lembra que eu falei para você sair mais cedo na segunda-feira? Faça isso, acorde mais cedo, vá a pé para a escola. E resista firme a todas as pressões que surgirão em seu caminho.

Rafael entendeu perfeitamente a mensagem. Não tinha despertador. Preocupado, dormia e acordava. Em uma determinada hora, foi sorrateiramente até a cozinha da casa da prima e viu no relógio de parede: 4h44. Pensou: "Não vou poder tomar banho antes de sair, porque chamarei atenção". Foi até seu quarto, trocou de roupa, lavou o rosto e escovou os dentes no banheiro ao lado da casa, pegou sua mochila e saiu silenciosamente.

Ele seguiu um caminho que deduziu ser o caminho da escola, pois, na primeira semana, invariavelmente, dormiu no ônibus durante o trajeto.

Já caminhava havia aproximadamente uma hora e meia, quando parou ao seu lado um carro branco. Um senhor gordo olhou para ele e disse:

– Ô menino, tu estudas lá na escola secundária, não é mesmo?

– Sim, estudo, sim senhor.

– Entra cá, vou dar-te uma carona.

Sua mãe havia lhe recomendado não aceitar caronas nem conversar com estranhos na capital, porque "cidade grande é muito perigosa", mas Rafael estava tão cansado de caminhar que não hesitou em aceitar a carona.

Foi conversando com o velho senhor. Seu Januário, um português, era dono da mercearia que ficava em frente à escola. Rafael contou sua história e seu Januário disse a ele para estar todos os dias naquela hora, naquele mesmo local, que ele o levaria à escola. E, nesse instante, Rafael lembrou da voz do menino dizendo que seu caminho para a escola ficaria mais curto. E assim foi, seu Januário levava-o todos os dias a partir daquele local e, ao meio-dia, o motorista do carro de entregas da mercearia deixava-o a cinco quadras de casa.

Chegou em casa para o almoço, encontrou a prima com os olhos marejados. Perguntou:

– O que houve, prima?

– Nada não, Rafael, coisas de mulher!

Rafael calou-se, foi até sua casa nos fundos do terreno, largou sua mochila na cama, tirou o par de tênis e, intuitivamente, olhou para a parede. Viu abrir-se um portal. Aquele filme que passava à sua frente tinha personagens conhecidos: Santina e Adalberto.

As cenas passaram-se rapidamente, em poucos segundos. Adalberto estava alterado, enlouquecido, gritava com Santina, que, chorando, pedia para ele se acalmar. Ele foi embora gritando, empurrou Santina, que caiu sentada, e o portal fechou-se.

Rafael ficou triste, sabia que, de alguma forma, alguém estava mostrando a ele o que acontecera naquela manhã. Foi para a cozinha almoçar, Santina aguardava-o com a mesa pronta.

Durante a refeição, perguntou:

– Prima, seu Adalberto não vem almoçar em casa hoje?

– Não, querido, hoje ele vai almoçar no refeitório da loja.

— Ele brigou com você de manhã por minha causa, né? Gritou muito e empurrou você. Sabe, prima? Eu não costumo ser desobediente, mas não posso deixar de ir à escola.

Espantada, Santina pensou: "Nossa, como ele sabe disso tudo se nem estava em casa?!". E respondeu ao primo:

— Não, Rafael, isso é bobagem, não tem nada a ver com você, Adalberto está com uns problemas...

Sua voz embargou. Olhou para o primo e disse:

— Dá licença.

Saiu da mesa e foi para o quarto chorar.

O clima estava pesado naquele dia. Mesmo assim, Rafael abriu um livro que retirara na biblioteca da escola, não sabia nem por qual motivo, pois nunca ouvira falar naquele personagem da história do Brasil. Sempre ouvira falar em Dom Pedro I, o imperador que proclamou a independência do Brasil, ou Tiradentes, o Mártir da Independência, o grande líder da Inconfidência Mineira, mas achou aquele livro perdido na estante da biblioteca da escola, com um homem negro e sem camisa na capa. Achou o livro interessante e ficou com muita vontade de lê-lo... era a história de Zumbi dos Palmares.

À noite, Adalberto não bateu à porta e invadiu o quarto de Rafael.

— Quem você está pensando que é, moleque? Eu dei uma ordem e você deve cumprir. Você sumiu hoje de manhã.

— Desculpe-me, seu Adalberto, mas eu não posso perder a escola. Olhe, vamos fazer o seguinte: eu prometo capinar todas as tardes até acabar, está bem?

— Você tem até o fim de semana para acabar tudo.

Adalberto estava fazendo aquilo por pura maldade. Ele nem sabia de quem era o terreno, mas sentia prazer em massacrar aquele jovem.

A semana passou. No domingo à tardinha, muito cansado, Rafael chegou em casa.

— Seu Adalberto, está tudo pronto lá. O senhor pode ir ver, se quiser...

Adalberto, assistindo televisão, nem olhou para Rafael e resmungou:

— Depois eu vou.

Rafael tomou banho, jantou com o casal, foi para seu quarto. Estava muito cansado. Deitou-se, mas, apesar do cansaço, não conseguiu dormir. Lembrou-se do livro de Zumbi, pegou-o, acendeu a luz e começou a ler. Devorou o livro durante aquela noite, ficou espantado com a história daquele líder negro, por sua força perante as vicissitudes de sua vida, um homem que não se entregou enquanto vivo esteve e morreu acreditando em seus ideais. Após terminar o livro, que deveria entregar no dia seguinte na biblioteca da escola, adormeceu com o livro sobre o peito.

Sonhou que estava olhando a lua pela janela. E, no sonho, ouviu a voz grave e retumbante dizendo-lhe: "O que você leu, meu filho, deve servir-lhe de exemplo. Não há dificuldade que não possa ser superada. Você é meu filho, e por isso, lutará sempre. Nunca desista".

Durante aquela semana, Rafael foi à escola normalmente, estava se esmerando. Estudava e lia todos os livros que podia.

Ao final do ano, foi aprovado com notas excelentes. Sua vida na casa da prima continuava não sendo boa. Adalberto implicava com ele diariamente, volta e meia arrumava-lhe serviços com o intuito de atrapalhar sua vida.

Quando completou 17 anos, pensou: "Daqui a pouco, termino o Ensino Médio. Preciso fazer uma faculdade". Gastou seus dias tentando descobrir sua verdadeira vocação. Um dia, olhando a lua pela janela, ouviu a voz do menino:

– Sendo quem você é, trabalhará pela lei.

Ficou intrigado com aquele "Sendo quem você é". "Como assim, quem sou eu?", pensou. E ouviu novamente a voz do menino:

– Está chegando a hora de você saber. Aguarde, em poucos dias, alguns mistérios serão abertos e você tomará o rumo que deve tomar em sua vida.

Os dias se passaram, o final do ano chegou e Rafael foi à sua cidade de origem a fim de passar as Festas de Natal e Ano-Novo com seus pais.

Sua mãe, principalmente, encheu-lhe de perguntas. Queria saber como era a capital, como era a casa da prima, como ele estava sendo tratado. Rafael omitiu todos os problemas que vinha tendo com Adalberto e disse aos pais que ambos eram maravilhosos com ele.

Sua mãe e seu pai insistiram para que ficasse durante o verão com eles e voltasse à capital somente para o início do ano letivo, mas algo lhe chamava para voltar logo após o *Reveillon*.

Não sabia o que era. Ultimamente, tinha intuições que se confirmavam rapidamente e estava criando o hábito e a disciplina de sempre segui-las.

E, seguindo sua intuição, no dia 4 de janeiro voltou para a casa da prima Santina.

Durante aquele verão, estudou conforme pôde. Gostaria de ter estudado mais, porém Adalberto sempre atrapalhava seus planos com alguma tarefa de última hora.

Certo dia, pegou os classificados de um jornal e resolveu procurar emprego. Precisava de algum trabalho que lhe rendesse algum dinheiro, mas que não o atrapalhasse, que pudesse conciliar com seus estudos.

Em uma segunda-feira anterior ao carnaval, saiu à procura das vagas que viu no jornal. No café da manhã, Santina disse:

— Menino, você vai gastar tempo e passagem. O povo já está respirando carnaval.

Ele sacudiu a cabeça afirmativamente, fingindo que concordava, mas pensou: "Se fosse assim, não colocariam anúncio no jornal". Olhou para Santina e disse:

— Mas eu vou arriscar, prima.

Saiu de casa logo após o café. Mais uma vez, estava seguindo sua intuição.

Andou o dia inteiro, mas nada conseguiu. Por volta das 17h, já estava no centro da cidade, onde havia tentado a sorte seguindo anúncios do jornal, mas não obteve êxito.

Era um dia quente, Rafael suava muito. Olhou para o papel, ainda restava um anúncio:

ESCRITÓRIO DE ADVOCACIA CONTRATA *OFFICE BOY*.
INTERESSADOS DEVEM COMPARECER NESTA SEGUNDA À RUA DA JUSTIÇA, 156/ SALA 7007

Pensou: "Vou lá, é minha última chance!"

Chegou ao escritório por volta de 17h30. A secretária abriu a porta.

— Moça, eu vim me candidatar à vaga de *office boy* que está no jornal.
— Entre, por favor!
— Obrigado.
— Qual é seu nome?
— Rafael.
— Espere um minuto, Rafael, vou falar com o doutor Jorge, pois ele já entrevistou vários candidatos hoje e não sei se já selecionou algum.
— Sim, senhora, pode deixar que aguardo aqui.

Em poucos instantes, ela voltou à recepção.

— Venha comigo, Rafael, o doutor Jorge o aguarda.

Rafael sentou-se à frente do homem.

— Então, Rafael, muito prazer! Sou o doutor Jorge Paladino. Qual é sua experiência?

— Eu não tenho experiência, doutor Jorge Paladino, mas tenho muita vontade de trabalhar...

Contou toda a sua história, desde o interior, e que estava na capital para estudar porque queria um futuro digno para si.

O advogado não sabia por quê, mas estava simpatizando com aquele rapaz, que nem currículo trouxera. E sua mesa estava cheia de currículos de outros candidatos.

Ao final da conversa, doutor Jorge olhou firme nos olhos de Rafael e falou:

— Meu rapaz, o que estou fazendo agora é algo que nunca fiz na vida! Você é, teoricamente, o mais despreparado de todos os candidatos que estiveram aqui hoje.

Colocou a mão sobre a pilha de currículos e prosseguiu:

— Nem currículo você tem... mas tem uma vontade de vencer que não vi em nenhum candidato que aqui esteve hoje. Rafael, o trabalho não é o mais complicado do mundo. Você só tem de seguir as orientações da Sônia, a moça que o atendeu. Você começa amanhã às 8h. Enquanto estiver de férias, você trabalhará em dois turnos; quando suas aulas reiniciarem, você trabalhará das 13h às 19h.

Rafael, emocionado, agradeceu:

— Muito obrigado, doutor Jorge, muito obrigado! O senhor pode ter certeza de que darei o melhor de mim.

Voltou para casa feliz, contou à prima. Adalberto olhou para ele e disse:

— E como vai ser com os trabalhos que você faz para mim?

— Eu preciso trabalhar, seu Adalberto!

Santina interferiu:

— Se aquiete, homem, deixe meu primo seguir a vida dele!

Estranhamente, Adalberto silenciou e foi assistir televisão.

Naquela noite, Adalberto bateu à porta do quarto de Rafael.

— Sou eu. Preciso falar com você.

Rafael abriu a porta.

— Pode falar, seu Adalberto!

Adalberto entrou no quarto e começou a falar:

— Moleque, a parada é a seguinte: o que vou lhe dizer agora ficará somente entre nós. Se a Santina sonhar com isso, você terá problemas sérios, eu ponho você para fora desta casa.

Rafael nada falou, apenas ficou olhando aquele homem com os olhos arregalados.

— Você vai ajudar nas despesas da casa. Na verdade, vai pagar aluguel por este quarto e mais algum para ajudar nas contas de água e luz. Mas sou um cara de bom coração, não vou cobrar o que você já comeu, bebeu e gastou nesse um ano que está aqui. Pagará só de agora em diante. Você me pagará 200 reais.

Rafael abaixou a cabeça. Respondeu:
— Sim, senhor, pode deixar.
Esse valor era quase metade de seu parco salário de *office boy*.
— Mas não se esqueça: isso aqui é papo de homem, é entre nós.
Rafael sacudiu a cabeça afirmativamente. Adalberto voltou para seus aposentos e deixou o rapaz em seu quarto, pensativo: "Nossa, quando eu penso que as coisas vão melhorar, caminham para trás de novo".

E ouviu a voz do menino: "Não seja injusto com sua própria vida, Rafael! Você já pensou que, mesmo com as dificuldades, esse emprego também está sendo uma forma de você não ser explorado, não entrar no jogo desse homem? E também, quando foi que lhe disseram que você teria uma vida fácil?".

Aquilo que o menino disse entrou no coração de Rafael como um combustível, como uma injeção com uma boa dose de força e energia. Dormiu mais tranquilo.

No dia seguinte, iniciou seu trabalho, e uma nova fase. Mal sabia Rafael que aquele simples trabalho de *office boy* chegara para ser a chave para a porta que mudaria tudo em sua vida.

O tempo foi passando, Rafael trabalhava e estudava. Estar trabalhando naquele escritório acabou despertando nele muito gosto pela advocacia.

Um dia, sentado debaixo do abacateiro, pensou: "Não tenho mais dúvidas, vou fazer vestibular para Direito. Quero ser um advogado também".

No dia seguinte, dirigiu-se a seu patrão:
— Doutor Jorge, posso falar com o senhor rapidinho?
— Claro, menino!
— Eu decidi que farei vestibular para Direito. O senhor pode me dar umas dicas?

O advogado foi tomado por uma enorme felicidade. Via aquele rapaz como um filho adotivo. Disse:
— Rafael, conte comigo. Sei que você terá dificuldades para trabalhar e estudar em universidade pública, até pela questão de horários. Dê-me um minutinho.

Pelo interfone, chamou a secretária:
— Sônia, venha até minha sala.
Lá chegando, Sônia falou:
— Às ordens, doutor Jorge.

– Sônia, providencie um curso pré-vestibular para meu futuro colega – apontou para Rafael.

E prosseguiu:

– Eu bancarei os estudos dele. Para que eu não precise mais falar sobre isso com você, minha nobre, saiba que, além disso, custearei tudo dos estudos dele. Nenhum lápis sairá do salário dele. E se ele for aprovado em uma universidade particular, também será tudo por minha conta.

– Sim, senhor, doutor Jorge.

Aquele foi o dia mais feliz da vida de Rafael. Foi contente para casa, pronto para contar a novidade à prima. Quando chegou próximo de onde morava, o menino falou ao seu ouvido: "Não fale nada, faça de conta que você tem muitas dificuldades. Por precaução, é recomendável que nem sua prima saiba. Use esse prêmio a seu favor e não contra você".

E foi o que ele fez.

No final do ano, foi aprovado em uma universidade particular. Estava tomado de felicidade. Em casa, disse a Santina e Adalberto que havia passado na universidade federal, pois não teria como justificar estar estudando em uma universidade particular recebendo apenas um salário mínimo.

Apesar de todas as dificuldades pelas quais passava, sentia-se feliz e realizado. Estava trilhando um bom caminho e, afinal, saíra de sua cidade no interior com esse objetivo.

Em uma noite de sábado, poucos dias antes de viajar para sua cidade, a fim de visitar seus pais, sentou-se embaixo do abacateiro e ficou ali, admirando a lua, como sempre fazia. Era noite de lua cheia. Percebeu um brilho diferente na lua aquela noite.

Pensou: "Eu nunca vi a lua tão branca como está hoje! Está com um brilho diferente. Que coisa mais linda!".

Começou a sentir sono e bocejar, mas continuou olhando a lua. Sua visão começou a embaraçar e ele adormeceu.

Um menino negro, de aproximadamente 10 anos, vestindo um manto azul-escuro, pés descalços, com uma pequena espada ao lado direito de sua cintura, aproximou-se, tocou na cabeça de Rafael e disse:

– Acorde!

– Ah, você é quem fala comigo sempre, né?

– Sim, sou eu.

– Qual é seu nome?

– Isso não importa agora. Olhe, o Pai está chegando!

Nesse instante, Rafael ouviu um galope, como ouvira na outra noite.

– Fique em pé. Rafael, fique em pé! O que eu fizer você repete.

Rapidamente, Rafael pôs-se de pé.

O menino olhou para cima, Rafael olhou também.

Um lindo cavalo branco descia do céu. Montado nele, um homem negro muito forte vestia uma túnica azul-escura, semelhante à roupa do menino e com uma espada de ouro atravessada às costas.

O cavalo pisou em solo firme. O homem desceu do cavalo. O menino ajoelhou-se em reverência, inclinou a cabeça (Rafael repetiu todos os seus movimentos e palavras) e disse:

– Ogum Iê, Meu Pai! Saravá Meu Sagrado Pai Ogum!

– Saravá, meu filhos! – respondeu o Orixá

Rafael ficou paralisado olhando aquele homem. Parecia que já o conhecia havia séculos.

O Sagrado Pai Ogum prosseguiu:

– Meu filho, hoje é um dia muito especial em sua vida, um marco, na verdade. A partir de hoje, você saberá tudo o que veio fazer nesta encarnação.

Rafael pensou: "Será que eu posso chegar perto dele?".

Rapidamente, o menino respondeu:

– Claro que pode, Rafael, é nosso Pai, você não precisa temer!

Rafael nada falou, foi se aproximando lentamente e ajoelhou-se aos pés de seu Orixá. O Pai Ogum puxou a espada da bainha às suas costas, colocando-a na cabeça do rapaz. Sua espada de ouro brilhava tanto que iluminava todo aquele ambiente.

– Meu filho, você nunca desistiu e assim deve continuar agindo. A cada dia, você fará uma pequena e nova descoberta com relação à sua vida e à sua missão nesse Plano da Criação Divina.

Rafael não conseguiu conter as lágrimas.

O Sagrado Orixá prosseguiu (enquanto Rafael, chorando, ouvia-o de joelhos e cabeça inclinada):

– Meu filho, Nosso Pai Maior e Divino Criador Olorum não desampara nenhum de seus filhos, nenhuma de suas criaturas! Mesmo com todas as dificuldades que você tem passado, você tem sido forte, tem sido nobre, nunca deixou que as dificuldades manchassem seus valores. Por isso, você está começando a saborear a vitória. Isso não significa que você parará de ter dificuldades, mas, a partir de agora, abençoado por mim, com a força de minha espada, você está sendo imantado e coroado pela Lei Maior, a Lei de Nosso Pai Olorum. Portanto, saiba que você trilhará o caminho que escolheu, trabalhando pela Lei, pela Justiça. Saiba que você será o advogado dos oprimidos. Caberá a você lutar, brigar, gritar por seus irmãos desfavorecidos. E será recompensado por isso, meu filho! Com o passar do tempo, você terá aberta a revelação de sua missão espiritual. O Pequeno Ogum está aqui, porque ele sempre estará cuidando de você, ele está em seu caminho e você está no dele. E Ogum está no caminho de ambos.

Nesse instante, o Sagrado Pai Ogum encostou a espada no ombro direito de Rafael, um facho de luz branca caiu do céu em uma fração de segundos e, ao seu lado direito, apareceram um Caboclo forte, altivo, com ar paternal, com um arco atravessado em seu tronco e sete flechas em uma bolsa às suas costas. Ao lado dele, uma Cabocla lindíssima, uma índia que carregava um pequeno machado talhado em pedra na mão direita, com longos cabelos negros. Ogum olhou para eles e disse:

– Caboclo Sete Flechas e Cabocla Jurema (Cabocla Jurema da Praia), enquanto o Pequeno Ogum estiver cuidando de perto desse meu filho, dando-lhe intuições e mostrando-lhe os caminhos no dia a dia, vocês estarão preparando tudo no lado espiritual da vida dele, criando condições para que, na hora certa, ele inicie o trabalho de caridade que necessita cumprir.

Seu Sete Flechas e Cabocla Jurema – a Jurema da Praia – sacudiram a cabeça afirmativamente.

O Sagrado Pai Ogum passou a espada para sua mão esquerda e encostou-a no ombro esquerdo de Rafael. Uma luz vermelha surgiu, em uma rápida explosão transformou-se em uma bola de fogo. E apareceu, saindo da bola de fogo, outro casal. Um homem alto, forte, usando uma roupa vermelha, com uma capa vermelha e preta, cartola, fumando um charuto, e uma mulher com um vestido vermelho e preto, fumando um cigarro, usando muitos colares e braceletes e uma tiara vermelha na cabeça, contrastando com seus longos cabelos encaracolados.

O Orixá olhou para eles e disse:

– Exu Tranca-Ruas e Pombagira Maria Molambo! Você, Tranca-Ruas, estará com seus comandados cuidando de tudo, de todos os caminhos de meu filho. Ele trilhará muitos caminhos tortuosos, atravessará muitas encruzilhadas, especialmente na jornada profissional que se aproxima. Você chegará sempre antes, com seus comandados, garantindo que ele não sofra nada. Nunca, Tranca-Ruas, em hipótese alguma, meu filho deverá sofrer um arranhão sequer!

Seu Tranca-Ruas, ouvindo atentamente, inclinou levemente a cabeça, sacudindo-a afirmativamente.

O Sagrado Pai Ogum olhou para dona Maria Molambo e disse:

– Você, Pombagira, sabe muito bem do que cuidará! Em hipótese alguma você passará à frente do Guardião Tranca-Ruas. Na esquerda de meu filho, ele é quem responde para mim, portanto, ele é o responsável por tudo. Meu filho é um menino doce, apaixonante, e acabará atraindo muitas mulheres. Você tirará do caminho dele, sem precisar de permissão, toda e qualquer mulher que tenha o intuito de ludibriá-lo, de aproveitar-se de meu filho. Quando você perceber que se aproximou dele uma mulher que você julgue ser para ele uma boa companhia, dirija-se ao Tranca-Ruas. Ele passará à Cabocla Jurema e ao Caboclo Sete Flechas, que têm conexão mental comigo. Eles darão a resposta, saberão o que deve ser feito.

Dona Maria Molambo, ouvindo atentamente ao Orixá, deu uma tragada no cigarro, com a mão esquerda puxou um pouco de seu vestido até a cintura e inclinou-se saudando-o.

O Sagrado Pai Ogum colocou a espada na cabeça de Rafael e um facho de luz, a partir de Sua Espada de Ouro, formou uma aura branca em sua cabeça e, em seguida, espalhou-se por sua silhueta, contornando e fechando seu corpo.

– Pode levantar, meu filho! Olhe para mim.

Rafael levantou-se, olhou para seu Sagrado Pai e disse:

– Ogum Iê, Meu Pai! Saravá, Sagrado Pai Ogum!

– Meu filho, agora você já sabe de tudo. O Pequeno Ogum continuará orientando-o em seu dia a dia, o resto do trabalho será feito por seu Caboclo, sua Cabocla, seu Exu e sua Pombagira. Quando você acordar, terá tudo o que viu aqui em sua memória, nunca esquecerá. Mas o mais importante é: você teve um privilégio que poucos têm, em ter tudo revelado da forma que está ocorrendo agora. Saiba que depositamos muita confiança em você, daremos a você todas as condições, mas precisa fazer sua parte. Tentações surgirão, você deverá ser forte. Agentes das trevas tentarão cooptá-lo, meu filho, prometerão o que há de mais tentador, mas, na verdade, farão isso para levá-lo com eles e esgotarem suas energias.

– Eu sei, Meu Pai Amado! Estarei atento, não decepcionarei o Senhor e a nenhum de meus Guias Espirituais e Guardiões aqui presentes.

– Que assim seja, meu filho!

E prosseguiu cruzando seu filho com sua Espada de Ouro:

– Eu abençoo seu em cima (encostou a Espada em seu chacra coronário), seu embaixo (encostou a Espada em seu chacra básico), sua direita (encostou a Espada em seu braço direito), sua esquerda (encostou a Espada em seu braço esquerdo), sua frente (encostou a Espada em seu chacra esplênico) e seu atrás (encostou a Espada em suas costas). E a partir desse momento, meu filho, filho da Lei Maior de nosso Divino Criador Olorum, você inicia de forma consciente sua jornada.

Rafael acordou, olhou para a lua cheia, brilhante como nunca. Ouviu um galope ao longe e o relinchar de um cavalo.

Durante algum tempo, Rafael seguiu trabalhando no escritório do doutor Jorge Paladino e iniciou a faculdade. Após se formar, foi promovido no escritório, melhorou seu ordenado, alugou uma casa no mesmo bairro onde morava a prima Santina e passou a morar sozinho.

Algum tempo depois, casou-se com Mirela, uma moça que conheceu na faculdade.

Quanto à sua missão, cinco anos após formado, recebeu a incumbência, por meio de uma mensagem, de uma incorporação do Caboclo Sete Flechas, que deveria abrir a Tenda de Umbanda Ogum Rompe-Matas. E assim o fez.

Hoje, divide seu tempo entre a missão profissional e a espiritual. Ainda presta serviços para o escritório do doutor Jorge Paladino, mas, junto a Mirela, sua esposa, fundou uma ONG chamada LEI DO OPRIMIDO, e trabalham dando assistência jurídica a pessoas pobres que não possuem condições financeiras e com pouco conhecimento na área jurídica, resolvendo os mais variados problemas, desde questões trabalhistas, passando por violência doméstica, causas cíveis e outras mais.

Lá no interior, seus pais moram em uma confortável casa que Rafael lhes deu de presente. À prima Santina, deu duas máquinas de costura para que ela pudesse costurar para fora. Ela continua casada com Adalberto que, com o passar do tempo, se afundou ainda mais em suas frustrações e passa a maior parte do tempo no botequim.

Assim, encerra-se este conto, que serve para mostrar aos filhos do Sagrado Pai Ogum ou de qualquer outro Sagrado Orixá que não há dificuldade nesta vida que não possa ser vencida.

Os filhos de Olorum, Nosso Pai Maior e Divino Criador, que agirem com ética, amarem a vida e seus irmãos neste Plano da Criação Divina, que trabalharem por um planeta melhor, podem encontrar no decorrer do dia pedras e espinhos no caminho, mas à noite, já cansados, olharão para o céu e perceberão que o caminho é difícil, mas não estão desamparados.

Lá no céu abençoando-os, através do brilho da lua, estará a Espada de Ogum.

Mensagem aos Filhos de Umbanda

Negro Velho tem percebido ao longo de todo esse tempo em que a Umbanda está no Brasil que as coisas têm tomado, em alguns casos, um rumo um pouco diferente do que foi planejado, que está sendo direcionada para um outro lado, que não é o correto.

Há sim, muitas casas de Umbanda fazendo trabalhos ótimos, praticando a caridade e passando para seus filhos e frequentadores mensagens de fé, paz e evolução.

Porém, infelizmente, há outras casas desvirtuando-se da Lei da Umbanda, ainda usando o nome dessa religião, mas praticando algo muito distante do que é e sempre deve ser nossa Umbanda Sagrada.

A vaidade afoga a humildade dos filhos e traz sentimentos não virtuosos, como a ganância, por exemplo.

Negro Velho tem visto muitos dirigentes de ditas casas de Umbanda desviando seu trabalho para o "comércio". Sim, meus filhos, infelizmente isso acontece!

As casas de Umbanda só podem ser casas de caridade, não há como ser outra coisa.

Quando Negro Velho fala em caridade, está falando que os médiuns, para trabalharem em real sintonia com seus guias espirituais, devem estar limpos, de coração aberto, aguardando (sem qualquer tipo de discriminação ou preconceito) para servir a quem quer que seja, para dar força e direcionamento a filhos dessa Terra que se sentem perdidos.

Se você, médium, não estiver limpo, não estiver de coração puro, a sintonia com seus guias espirituais estará prejudicada e muito pouco poderá fazer por seus irmãos que chegarão até a casa onde você trabalha.

Alguns dirigentes de casas de Umbanda precisam rever seus conceitos e suas práticas.

Saibam, meus filhos, que as casas que dirigem não são de vossa propriedade. Os senhores e as senhoras são apenas os intermediadores de uma relação entre o Plano Divino da Criação, os guias espirituais e os filhos encarnados nesta Terra.

Portanto, não se guiem pela vaidade, não queiram dominar, controlar a cabeça e a vibração de seus médiuns ou consulentes. Os senhores e as senhoras estão nessa função para mostrarem os caminhos da evolução espiritual às pessoas, apenas isso!

A Umbanda Sagrada, meus filhos, é pura caridade. O médium recebe uma missão a cumprir, nada mais que isso!

O que Deus, nosso Pai, dá, não custa moeda alguma. Ele dá sem precisar de retorno. E é nessa linha que os filhos encarnados aqui na Terra devem seguir, em tudo na vida, principalmente na religião.

Esta é a mensagem que Negro Velho deixa neste momento para vocês. Fiquem na Paz de Nosso Pai Maior!

Aprisionado pelo Medo

Fábio andava estressado demais, além da conta nos últimos tempos.
Naquele dia, fora atravessar uma avenida e, por pouco, não fora atropelado. E olhe que Fábio conhecia o trânsito daquele lugar como ninguém.
Nascido e criado naquela cidade, já muito cedo trabalhou como *office boy*. Quase nunca saía de sua cidade natal, apenas no verão viajava para o litoral.
Pensou: "Era só o que me faltava, morrer atropelado por um carro de pobre!".
Havia quatro anos, era diretor de uma das filiais de uma grande empresa de informática. Seu padrão de vida melhorara bastante, conseguira até comprar um apartamento, carro, casa na praia, mas, por outro lado, passou a ser um homem mais amargo, grosseiro com as pessoas ao seu redor, um chefe que (no ponto de vista de seus subordinados) estava muito próximo do que se imaginava ser um general nazista.
Após quase ser atropelado no retorno de seu intevalo de almoço, chegou à empresa. Saiu do elevador, passou por Sheila (sua secretária) como se estivesse passando por uma rua vazia. Não olhou para ninguém nem ouviu o "Boa tarde, seu Fábio" de alguns funcionários. Adentrou sua sala, interfonou para Sheila, pediu para não ser incomodado, pegou seu mp3 e passou a ouvir música. E, ouvindo aquela música, adormeceu.
Às 6 horas da tarde, Sheila interfonou, Fábio não atendeu. Então, resolveu ir até a sala dele, bateu à porta, mas ele também não atendeu.

Ela ficou preocupada, achou mais prudente cometer a ousadia de entrar sem se anunciar. E assim o fez. Ao abrir a porta, para sua surpresa, seu chefe carrancudo estava dormindo, roncando profundamente, deixando escorrer levemente uma baba pelo canto direito da boca, com o mp3 caído em seus ombros.

– Ééé... com licença, seu Fábio... – ousou Sheila, quase sussurrando.

Ele acordou de um salto, ajeitou-se na cadeira e com a cara amassada gritou:

– QUEM MANDOU ENTRAR EM MINHA SALA SEM BATER?

– Mas, seu Fábio, eu chamei o senhor várias vezes pelo interfone, depois bati na porta. Eu fiquei preocupada.

Ja mais calmo, falou:

– Tá, tá, o que tu queres?

– É que já são 6 horas, o pessoal já está indo embora. Vim avisar o senhor.

De forma tosca, ele disse:

– Ok, já estou sabendo. Tchau e até amanhã.

– Até amanhã, seu Fábio!

Sheila foi embora, assim como todos os funcionários que ainda se encontravam por lá.

Fábio, com o passar do tempo, deixou-se tomar, melhor dizendo, tornou-se escravo do estresse.

Já com um ano na direção regional daquela empresa, viu seu noivado ruir, foi abandonado por Verônica, sua noiva, que namorava desde os 13 anos. Desde então, não teve mais namoradas, saía com várias mulheres, mas não conseguia firmar compromisso com nenhuma delas. Na verdade, porque nenhuma mulher suportava o jovem executivo além do terceiro encontro.

Seus funcionários o aturavam, mas rezavam pela chegada do fim de semana ou de feriados prolongados, pois os dias naquela empresa eram sempre tensos. A qualquer momento, ele poderia chamar algum deles e cobrar o trabalho gritando. Muitas vezes, até humilhava algum funcionário ou funcionária na frente dos colegas. Chegava ao ponto, algumas vezes, de fazer ironias publicamente a respeito da vida particular de algum colaborador.

Houve um dia em que humilhou o *office boy* na frente de todos com piadas preconceituosas referentes à favela onde o menino morava. Era o tipo de homem que prejulgava a tudo e a todos. Era o chefe, portanto, em sua ótica, era o dono da verdade. Não admitia ser contrariado nas reuniões.

Após a saída de Sheila, foi ao banheiro, lavou o rosto, olhou-se no espelho e pensou: "Essas olheiras estão acabando com meu rosto".

Voltou para sua sala, pegou um café, sentou-se em sua cadeira, pegou o controle remoto para ligar o DVD. Até conseguiu ligá-lo, mas, a imagem que viu foi uma imagem de explosão que, em um segundo, se transformou em uma tela preta.

Mais ao centro da sala, ao alto, bem próximo ao teto, começou a ver pequeninas estrelas azuis que rodavam no sentido horário.

Eram muitas e minúsculas estrelas, não tinha como contar nem como calcular. Ficou pasmo com aquilo que via. Pensou: "Meu Deus, o que é isso? Drogas eu não uso e não bebo já tem uma semana!".

De repente, as estrelinhas pararam de rodar, começaram a juntar-se e foram tomando forma. E surgiu uma menina anjo de cabelos dourados cacheados, pele branca, sorriso alvíssimo, trajada com um lindo vestido azul-claro brilhante, como se aquela cor tivesse sido retirada de uma estrela, podendo ser chamada de azul estelar.

Ela olhou para ele e disse:

– Olá! Finalmente nos encontramos.

Fábio coçou os olhos, não acreditando no que estava vendo. Pensou: "Deus, ainda estou dormindo? Isso só pode ser um sonho!".

Coçou, coçou e coçou os olhos em vão. E concluiu que aquilo estava realmente acontecendo. Falou:

– Tu és quem?

– Não está vendo? A visão fala muito mais do que palavras.

– Tu és um anjo... ou melhor, uma anja?

– Se assim quer que eu seja, assim serei.

– Qual é teu nome?

– Me chame do que bem entender, do que achar melhor.

– Como assim? Eu preciso saber teu nome! Como posso eu te dar um nome?

– Está bem, se é tão importante assim, me chame de Azul Brilhante.

– Azul Brilhante! – murmurou.

Ela começou a falar:

– Bem, meu senhor, eu tenho acompanhado todos os seus passos e cá estou hoje porque urge que esclareçamos algumas coisas.

Fábio ficou olhando para Azul Brilhante, pasmo, sem nada dizer. Ela prosseguiu:

— O senhor já passou dos limites há algum tempo! Tem sido um homem amargo, injusto consigo e com os que estão à sua volta. E nós precisamos resolver isso hoje!

— Mas do que tu falas? Eu só cumpro meu papel, é meu trabalho.

— Ah, sim! É seu trabalho humilhar os outros? É seu trabalho conduzir sua carreira de forma a viver estressado, podendo antecipar sua partida desta vida para antes do determinado?

— Não, mas é que...

Azul Brilhante prosseguiu:

— E, finalmente, é seu papel, é seu trabalho julgar as pessoas de forma severa, sentenciar seus atos, como se fosse um deus? Nem o Divino Criador assim o faz, meu senhor!

— Ora, Azul Brilhante, não é bem assim, estás exagerando um pouco!

— Ah, estou exagerando? Pois bem...

Azul Brilhante estalou os dedos da mão direita e nela surgiu um pequeno machado de duas faces. Apontou para a parede, onde se abriu um portal. E disse:

— Então vejamos, meu senhor! O senhor estava querendo ver um filme, até que eu cheguei e atrapalhei seus planos, não é mesmo? Pois agora o senhor verá um filme, nesta tela que coloquei aqui.

Fábio não sabia o que pensar, não conseguia falar, estava ali estático, olhando para aquele portal, a tal tela da qual Azul Brilhante falara. Ela prosseguiu:

— Humm... veja só que interessante! Senhor, essa imagem é de sua adolescência, na escola. O senhor roubava sanduíches e até alguns trocados das bolsas das meninas, para depois lanchar com seus amiguinhos. E olhe só essa imagem que está entrando agora. O senhor, aqui em sua empresa, em uma reunião, querendo diminuir o valor de refeição de seus funcionários. Que interessante, hein, senhor?!

Fábio estava começando a envergonhar-se. Azul Brilhante prosseguiu:

— E essa imagem aqui, senhor, que interessante! O senhor na saída do estádio de futebol, na adolescência, incitando seus colegas a baterem nos torcedores do time adversário. Agora, olhe essa imagem aqui, senhor... – ela parou por um instante e ficou assistindo em silêncio. – Veja só, o senhor assediando sexualmente sua secretária. Para sorte dela, conseguiu escapar, para sua sorte, ela não o denunciou, não é mesmo?

Ela olhou firme no fundo dos olhos de Fábio, que abaixou a cabeça, envergonhado. Voltou os olhos para o portal e prosseguiu:

– Senhor, veja essas imagens que passam rapidamente. Vamos lá: nesta, o senhor está julgando o comportamento do namorado de uma funcionária (em um assunto que nem dizia respeito ao senhor, mas aos seus ouvidos acabou chegando), dizendo a ela que deveria abandonar o namorado que estava sendo acusado de ter tentado abusar de sua irmã. Olhe essa outra, aqui o senhor está julgando e sentenciando um funcionário que bebeu demais e brigou em uma partida de futebol entre amigos. Meu senhor, acho que está na profissão errada, deveria ser juiz!

– Mas é que eu não posso ver as coisas erradas, detesto injustiças!

– É mesmo, senhor, então por que as comete? Por que antes de julgar todo e qualquer irmão seu deste planeta, o senhor não para para pensar em suas atitudes, na espécie de humano que o senhor tem sido?

Azul Brilhante parou de falar por um instante, respirou fundo e prosseguiu:

– Pois bem, senhor! Fui enviada aqui pelos meus superiores, porque o senhor já passou dos limites. E tenho uma revelação a fazer.

Fábio levantou a cabeça, olhou para Azul Brilhante curioso, olhos arregalados, com medo de ser sentenciado ali naquele instante. Já imaginou-se sendo enviado ao mais profundo caldeirão do inferno.

Ela disse:

– Tranquilize-se, meu senhor, não é nada disso que está pensando! Esse tipo de julgamento e de sentença que, diga-se de passagem, o senhor tem praticado durante sua jornada não está em questão neste momento.

Ele respirou aliviado. Ela prosseguiu:

– O senhor sabe por que está conduzindo sua vida dessa forma, como um trem desgovernado e sem maquinista?

Aguardou que ele respondesse algo, mas ele ficou olhando-a em silêncio.

– Então, o senhor é um grande julgador, um grande sentenciador hoje em dia porque, durante os trinta anos que viveu até aqui, sempre foi um medroso, nunca confiou em si mesmo.

Fábio recebeu o que ela dissera como uma facada no peito, mas, no fundo, sabia que era exatamente aquilo que acontecia com ele e do qual ele fugira a vida inteira.

– O senhor precisa...

Ele a interrompeu:

– Do que eu preciso? O que eu posso fazer para melhorar?

Azul Brilhante prosseguiu:

— Era o que eu estava tentando dizer. O senhor precisa controlar sua ansiedade, não há o que temer! O senhor é soberano, é uma obra de Deus, um filho que ele ama. Mas precisa saber que todos os seus irmãos neste planeta também o são. Inclusive sua secretária, seu *office boy* e a senhora que faz limpeza e cafezinho aqui, viu, senhor?!

— Sim, sim! – Fábio respondeu já mais calmo, resignado e de cabeça baixa.

Azul Brilhante prosseguiu:

— Façamos o seguinte: olhe para o portal.

Fábio levantou a cabeça, olhou para o portal e lá viu sua imagem reproduzida como se ali fosse um espelho.

— Está vendo, senhor, o que paira sobre sua cabeça?

Ele não conseguiu responder. Viu sobre sua cabeça uma nuvem cinza, que por alguns momentos tornava-se preta. Tomou coragem e perguntou:

— O que é isso?

— Ora, meu senhor – respondeu Azul Brilhante sorrindo –, isso é o que o senhor tem atraído para sua aura, para sua coroa, para seu chacra coronal. Aliás, acaba refletindo em seus outros chacras também. O senhor é aquilo que pensa. Como o senhor tem pensado e atraído energias densas e de baixa vibração, acontece isso. Essa nuvem ora cinza, ora preta, estacionou sobre sua cabeça e fez dela sua morada. E, por consequência disso, o senhor não dorme mais direito, irrita-se até com um belo sorriso de qualquer pessoa, não consegue mais ver beleza em nada. Resumindo: o senhor está em ruínas. Mude tudo agora ou o caos em sua vida será inevitável!

— Mas o que eu faço, então?

— Mude de atitude, evite maus pensamentos. Só pense em coisas boas e positivas. Ouça músicas alegres, jogue fora as músicas deprimentes que o senhor tem ouvido. Sorria para as pessoas, seja amável com seus funcionários. E esteja sempre pronto para auxiliar seus irmãos aqui neste planeta, seja na hora que for, da forma que for.

Cabisbaixo, envergonhado, chorou copiosamente.

Azul Brilhante prosseguiu:

— Mas o senhor está recebendo uma nova chance. E eu vou dar um empurrãozinho.

Ela apontou o machado para o teto onde, instantaneamente, surgiu uma pequena nuvem branca. A distância, ela foi apontando o machado para a nuvem e fazendo-a descer até se aproximar da cabeça de Fábio.

A nuvem foi se aproximando até que se chocou com a nuvem que estava preta naquele momento. Nesse instante, ela disse:

– Olhe para o portal, senhor!

Fábio olhou para o portal que, naquele instante, funcionava como um espelho, e viu a nuvem branca aproximando-se, chocando-se com a nuvem preta, um pequeno trovão surgiu como se fosse um *slide*. Choveu sobre sua cabeça. Por alguns segundos ele sentiu aquela pequena chuva, que caía somente sobre ele, atingir sua cabeça, descer por seu corpo e aliviá-lo. Era um alívio que não sentia havia muitos anos. Adormeceu.

Duas horas depois, acordou. Lembrava-se perfeitamente de tudo o que acontecera. Azul Brilhante não estava mais ali. Já era tarde. Foi para casa. Naquela noite, Fábio dormiu como não dormia havia muito tempo.

Daquele dia em diante, como que em um passe de mágica, Fábio passou a ser um homem dócil, prestativo, caridoso e sorridente.

No início, seus funcionários, parentes e amigos desconfiaram um pouco, mas, com o passar do tempo, viram que aquela mudança, além de radical, era real. Como dizia uma de suas tias: "Um milagre, um verdadeiro milagre de Deus!".

Quando perguntado sobre o que acontecera para que tivesse aquela mudança, apenas ironicamente respondia:

– Não sei, um dia desses, peguei no sono e acordei assim!

Evolução em Família

Mensagem de Pai Thomé do Congo às famílias brasileiras

Quando vejo meus filhos nesta Terra falando em evolução, normalmente estão pensando no progresso material, em ganhar mais dinheiro, fazer boas viagens, adquirir bens, comprar um carro novo, comprar uma boa casa.

Mas a questão que Negro Velho coloca é: os senhores e as senhoras devem sim almejar crescimento material. Não devem se acomodar em hipótese alguma. O ser humano acomodado passa pela vida praticamente sem perceber que nela está. O ser humano inquieto, ávido por mudanças, este evolui (ao menos materialmente).

Porém, Negro Velho deixa aqui um questionamento: será que os filhos desta Terra não estão invertendo a pirâmide? Será que não estão, erroneamente, colocando a cabeça no lugar dos pés e vice-versa? Será que a evolução material não está adquirindo importância demasiada?

Vejo cada vez mais pessoas almejando sucesso e dinheiro. Geralmente, a boa desculpa é: "Preciso deixar meus filhos bem". E, muitas vezes, até conseguem tal objetivo no que se refere a bens materiais.

Muitos desses que lutam e batalham tanto honestamente para que seus filhos não passem por dificuldades (pelas quais muitos desses pais e mães passaram) acabam esquecendo, no decorrer dessa jornada, de direcionarem seus olhares para essas crianças, esses jovens.

E não percebem, em muitos casos, que no âmago do lar há uma criança, um adolescente ou um jovem solitário, carente, com muitos colegas, parceiros, mas muitas vezes sem amigo algum.

E aqueles que poderiam/deveriam ser seus mais leais amigos, estão muito ocupados em adquirir bens, ganhar dinheiro.

Em alguns casos, quando esses jovens se desvirtuam para as drogas ou até mesmo para a criminalidade, os pais e mães não compreendem o porquê de tal acontecimento e sempre fazem a clássica pergunta: "Onde foi que eu errei?".

Com certeza, o erro ocorre na falta de atenção, de carinho, de diálogo, de cumplicidade com seu filho ou filha, "porque estava sem tempo, tinha de trabalhar".

Muitas vezes, exemplos que não os melhores corroboram para tal acontecimento. Um pai agressivo, uma mãe incompreensiva, intolerante, em muito contribuem (mesmo que involuntariamente) para a degradação de alguns jovens e, consequentemente, da estrutura familiar.

É bem comum ouvir de um pai ou uma mãe o questionamento de "por que seu filho ou filha caiu no vício (de drogas, álcool, jogo, etc.)?", estando ele ou ela (pai ou mãe) com um cigarro na mão, um copo de cerveja ao lado.

Dizem que o cigarro e a bebida são seus companheiros, que nunca os abandonam. E não compreendem o vício de seu filho, de sua filha.

Esses pais e mães não conseguem enxergar que, enclausurados na vaidade, acabam se isolando de si mesmos, de Deus e de seus irmãos nesta Terra. E então, em uma desesperada e constante luta antissolidão, buscam a tão almejada parceria em algum tipo de vício (seja ele qual for). E quando se encontram nessa situação, quais as reais condições que possuem para socorrer seus filhos?

Todo este "rodeio", em uma mensagem que pretende falar de evolução, tem sentido quando os filhos desta Terra concordam com Negro Velho que a família é a base de tudo.

Se a família está desestruturada, como atingir a real e mais importante evolução, que é a espiritual? Como os filhos desta Terra evoluirão sem paz de espírito, sem harmonia no lar?

Negro Velho afirma aos filhos desta Terra que o primeiro passo é a humildade.

Com humildade, o pai e a mãe reconhecem que seus filhos têm os mesmos anseios que tiveram em suas adolescências, em suas juventudes.

Banhados em humildade, pais, mães e filhos, de braços dados, resolverão todas as questões, caminhando juntos rumo à verdadeira evolução.

No dia em que pais e mães se reconhecerem muito mais como geradores dessas vidas, responsáveis pelos primeiros passos dessas pessoas em suas jornadas e menos como autoridades, donos das vidas de seus filhos e filhas, no dia em que os pais e as mães, humildemente, reconhecerem que também podem aprender com as crianças e jovens que geraram, estarão dando o primeiro passo para uma evolução não traumática (aquela que ocorre aos trancos e barrancos).

Caminharão, pais, mães, filhos e filhas, com paz de espírito, "rumo às estrelas".

Que a paz esteja nos corações e nos lares de todos os filhos e filhas desta Terra!

O Anjo Mulher

Havia acabado de chover forte na Cidade Mágica. As nuvens corriam mar adentro e o sol voltava a brilhar aos poucos.

A Cidade Mágica localizava-se em um paraíso tropical, em um certo país de inúmeras belezas naturais, de riquezas mil e injustiças proporcionais à sua beleza e sua riqueza.

Era uma cidade privilegiada, com montanhas, mar, florestas, lagoas, belas mulheres e belos homens... e Jesus Cristo, de braços abertos tomando conta de tudo e todos naquele lugar.

No alto de uma pedreira, a mais alta da cidade, sentado, estava um homem de quase meia-idade, solitário, pensativo e repousando o queixo sobre a mão.

Há aproximadamente sete anos ele havia chegado àquele mágico lugar, por sua própria escolha.

Vinha de uma cidade distante, bem ao sul da Cidade Mágica, conhecida como Cidade Sorriso.

Ninguém na Cidade Mágica sabia muito sobre sua vida, era um homem muito discreto. Acabava sempre se tornando conselheiro dos que surgiam em sua vida. Seu nome: Cipriano. Mas, por conta de sua bondade e disposição em ajudar a todos, a qualquer momento e também por respeito, chamavam-no de "Seu Cipriano".

Esse homem ficou conhecido na Cidade Mágica por seu coração infinito, capaz de abrigar a quem se aproximasse dele, por sua sede e obsessão por justiça e por suas decisões implacáveis. Sem dúvida, um homem de opiniões fortes.

Algo estranho interrompeu seu pensamento.

Olhou para o céu e viu um movimento estranho de duas grandes nuvens que se abriram.

Surgiu no meio dessas nuvens, afastando-as, um anjo. Era um anjo mulher, aliás, uma bela mulher, de pele negra e linda, de olhos brilhantes (talvez os mais brilhantes já vistos na Cidade Mágica) e olhar firme.

O Anjo Mulher, de nome Lurian, contrastava a beleza de sua pele negra com o branco de suas asas e auréola. Fazia piruetas no ar, carregando "flocos" das nuvens em suas mãos e desenhando algo que, rapidamente, se transformou em um coração.

Lurian voou para o meio desse coração branco, parou por instantes de braços abertos bem ao meio dele, fez mais algumas piruetas, olhou para baixo e sorriu para Seu Cipriano.

Lurian, o Anjo Mulher, desceu lentamente e pousou em pé à frente dele e, ainda sorrindo, disse:

– Seu Cipriano, meu querido, vim me despedir!

– Meu anjo... – seu Cipriano falou ao que foi interrompido por Lurian.

– Meu querido, por favor, deixe-me concluir, pois a emoção que toma conta de meu coração neste momento é enorme e preciso tentar traduzi-la ao máximo, dizendo ao senhor tudo o que está guardado aqui dentro há algum tempo. Estou partindo para realizar meu grande sonho.

Seu Cipriano a interrompeu:

– Lurian, eu sabia que isso aconteceria! Tu nasceste iluminada, predestinada e com esse caminho traçado. Ele faz parte de tua missão. Ajudaste pessoas ao teu redor, salvaste vidas... agora, segue teu destino, ocupa teu lugar ao sol ou, melhor dizendo, ao céu, porque és uma estrela.

Lurian, com os olhos brilhantes e marejados, olhando no fundo da alma de Seu Cipriano, disse:

– Meu amado, meu justiceiro, meu guardião... Seu Cipriano, de-me aqui um abraço!

Eles se abraçaram fortemente, como se aquele fosse o último abraço de suas vidas. Seu Cipriano olhou-a nos olhos e disse:

– A distância é cruel, Lurian! A saudade é uma dor contínua e sufocante, mas estou feliz. Fico feliz por ti, porque te amo e sei que estás seguindo teu destino.

Mais um abraço forte, as lágrimas tomaram conta de ambos. Seu Cipriano e Lurian olharam-se, um enxugando as lágrimas do outro. Lurian disse:

– Seu Cipriano, meu amado, muito obrigada por tudo! Obrigada pelo amor, pelo carinho, pelos conselhos e pelos puxões de orelha!

Seu Cipriano disse:

– Lurian, Anjo Mulher, muito obrigado por existires! Obrigado por me ajudares, por fazeres parte de minha vida!

Lurian beijou a testa de Seu Cipriano e alçou voo, seguindo seu caminho, seu destino.

Seu Cipriano ficou olhando para o alto até não poder mais vê-la voando e falou para si mesmo:

– Adeus, amiga querida, nos encontraremos algum dia!

Lurian partiu dali, talvez para sempre, para realizar o sonho de sua vida.

Na verdade, tudo começou no dia 2 de maio de 1983, em uma maternidade da Cidade Mágica, às 5h45 da manhã. Pois, por ironia do destino ou por obra de Olorum, o Anjo Mulher chegou à Terra junto com o sol naquele dia. Há inclusive quem diga que vieram de braços dados.

Foi criada em uma localidade da Cidade Mágica que tinha como referência uma bandeira. Sim, aquela bandeira estava ali desde o tempo em que a Cidade Mágica fora capital daquele país.

Teve uma "infância moleca", gostava de andar sem roupa e de chupeta na boca até os 7 anos.

Diga-se de passagem, aos 7 anos, sua vida começou a tomar um rumo não muito comum a crianças dessa idade.

Já na escola desde os 6 anos, Lurian, aos 7, foi matriculada por sua mãe na Escola Mágica de Circo. Vamos deixar claro que se chamava Mágica somente porque se localizava na Cidade Mágica. Era procurada por crianças e jovens de todo o país, na esperança de tornarem-se artistas circenses.

E conseguiu entrar na Escola de Circo por persistência de sua mãe em matriculá-la.

Já aos 8 anos, trabalhou como coringa em um espetáculo da Escola Mágica de Circo. Aos 9, foi matriculada pela madrinha no Clube Cruz Maltino (clube tradicional na Cidade Mágica) para fazer ginástica olímpica.

Como sua família enfrentava dificuldades financeiras, sua madrinha pagou "sua estada" no Cruz Maltino por um ano, mas não teve mais condições. Foi aí que começou a peleja.

Foi dito a Yara, mãe de Lurian e uma mulher guerreira, que havia uma possibilidade de ela permanecer treinando no Cruz Maltino gratuitamente. Deveria passar pela prova de fogo: vencer três competições em três e tornar-se atleta cruz maltina.

E assim aconteceu: Lurian venceu as três competições com muito esforço e dificuldade, e garantiu sua vaga. Mas isso foi só o começo.

Ainda participou de dez eliminatórias de um torneio mundial que seria disputado em Montes da Colina, um país distante, do outro lado do oceano.

Mesmo treinando no Cruz Maltino, indo à escola e treinando na Escola Mágica de Circo, o Anjo Menina conseguiu a vaga para disputar o mundial.

Pouco depois do mundial, já de volta à Cidade Mágica, Lurian concentrou-se em seu próximo desafio: sua formatura na Escola Mágica de Circo, que ocorreria em poucas semanas.

E, é claro, como nunca nada foi fácil para o Anjo Menina, começou a ouvir pequenas fofocas por lá. Pessoas cochichando e questionando sua qualidade, seus métodos.

Questionavam sua qualidade técnica, e até mesmo como ela conseguia voar nos ensaios e nos espetáculos. Sim, Lurian, ao contrário dos outros acrobatas que saltavam, voava!

Na verdade, nem ela sabia como isso acontecia. Só sabia impulsionar seu corpo, depois disso, "ia levando", como ela costumava dizer.

Mas, em certa tarde de quarta-feira, uma colega aproximou-se dela e disse:

– Lurian, nós vamos descobrir qual é sua falcatrua para voar daquela forma. Isso não está certo, você está passando a perna na gente! Tem algum método que vamos descobrir. E você vai ser reprovada, não vai se formar – e, alterando a voz, prosseguiu: – NÓS VAMOS DESMASCARAR VOCÊ!

Lurian apenas olhou para aquela colega, tentou movimentar os lábios para responder, mas não conseguiu articular palavra alguma. Simplesmente deu as costas e dirigiu-se ao vestiário. Nem chorar conseguiu, tamanha foi sua decepção.

Pegou sua mochila e foi embora para casa. Lá chegando, tomou um banho, na esperança de que este lhe servisse como anestésico, que a fizesse dormir e esquecer o que havia ouvido naquele dia.

Assim aconteceu; após o banho, Lurian deitou-se e adormeceu rapidamente.

Acordou no meio da noite com uma sensação de que havia mais alguém em seu quarto. Acendeu a luz e não viu ninguém, mas, estranhamente, continuou sentindo a presença.

Dirigiu-se até o espelho, viu sua própria imagem e pensou: "Será que estou ficando maluca? Não estava com essa roupa branca! Aliás, que roupa é essa?".

Viu através do espelho um homem negro, barbudo, olhar pacificador, andava encurvado apoiando-se em um cajado, vestindo uma roupa branca, que disse:

– Olá, minha filha, tudo bem?

Lurian, em um misto de espanto e susto, respondeu:

– Olá, mas... quem é o senhor?!

Ao que ele respondeu:

– Filha amada, vim conversar contigo. Eu te dei essa missão, mandei-te à Terra para ajudares teus irmãos que aqui estão a encontrarem seu Deus interior. Meu nome é Oxalá e cá estou para te mostrar algo.

– O quê? – perguntou Lurian, intrigada.

– Minha filha amada, o preconceito, a discriminação e a segregação são os maiores males deste mundo. Tu, mulher negra, vieste a esse planeta com uma missão muito especial. Colocarás uma gota de amor ao próximo no coração de quantas pessoas puderes e conseguires enquanto aqui estiveres. Assim sendo, terás tua recompensa, teus sonhos tornar-se-ão realidade.

– Mas, eu...

O Sagrado Pai Oxalá a interrompeu (ela ainda o via através do espelho):

– Filha amada, antes de mais nada, preciso mostrar-te algo!

Ele se aproximou de Lurian, encostou a palma de sua mão direita em suas costas, um pouco abaixo do pescoço. Através do espelho, ela viu um clarão, uma luz que, em poucos segundos, se transformou em um belíssimo e perfeito par de asas.

Imediatamente, o Sagrado Pai Oxalá dirigiu sua mão direita à nuca de Lurian; um novo clarão surgiu e, em poucos segundos, uma auréola pairou sobre sua cabeça.

Lurian começou a chorar. Ele disse:

– Minha filha amada, hoje foi o dia da grande revelação! És um anjo e tens a missão de espalhar amor por onde passares. Vai, segue teu caminho, cumpre tua missão! Essas asas e essa auréola aparecerão e desaparecerão com um simples sorriso teu. Agora entendes por que voas. Com essas asas, poderás voar ainda mais alto do que já consegues, mas fica atenta a um detalhe: só poderás usá-las em ocasiões especiais, tendo sempre o bem como finalidade. Se usares essas asas e esta auréola para finalidades opostas ao bem, ao amor comum, em fogo elas se transformarão, causando a maior dor de tua vida e deixando-te mutilada.

Lurian, ainda em prantos, disse:

– Mas, meu Pai...

E percebeu pela imagem através do espelho que ele havia ido embora.

Após esse dia, sua vida mudou e muito.

No dia D, na Escola Mágica de Circo, ficou em primeiro lugar no teste. Voou por toda a lona (sem mostrar as asas, é claro!), impressionando a todos e fazendo com que os invejosos "mordessem os beiços".

A essa altura do campeonato, Lurian, uma pré-adolescente, já fazia vários trabalhos como artista circense e conseguia até mesmo sobreviver disso, ajudando sua família.

Aos 18 anos, o Anjo Mulher passou por uma provação terrível, um incêndio em sua casa deixou Lurian e sua família na rua da amargura. Passou, a partir daí, com a família, a morar de favor em casas de amigos.

No ano seguinte a essa tragédia, Lurian conquistou sua primeira grande vitória como artista circense. Foi chamada para trabalhar em um circo em Iceland, um país distante, do outro lado do oceano.

Ficou por lá quatro anos e, graças a esse trabalho, conseguiu comprar uma casa nova para sua família.

Foram quatro anos que aceleraram o crescimento de Lurian. O Anjo Menina havia se tornado o Anjo Mulher.

Já de volta à Cidade Mágica, Lurian começou a fazer vários trabalhos, dava aulas na Escola Mágica de Circo, fazia apresentações com seus números incríveis e voadores.

Mas uma decepção tomou conta de seu coração. A Cidade Mágica, sua terra natal, estava tomada pela violência, fruto das injustiças sociais daquele país.

Seu bairro estava dividido.

Dois irmãos, Robson e Márcio, brigavam por território e pontos de venda de drogas e acabaram dividindo o bairro em duas partes: a vermelha e a amarela.

A casa da família de Lurian acabou ficando na parte amarela, mas, para saírem do bairro, para irem à farmácia, ao supermercado, obrigatoriamente tinham de passar pela parte vermelha. Pois do outro lado da casa havia apenas um mangue.

Isso resultou em muitas humilhações para ela e sua família. A cada passo que davam, precisavam da autorização de um soldado armado da parte vermelha para poderem passar por ali. Quando voltavam, precisavam da autorização de um soldado da parte amarela para retornarem ao seu lar.

Lurian não entendia aquela lógica. E pensava: "Como pode alguém fazer isso? Como podem dois irmãos brigarem dessa forma?".

Mas continuou levando sua vida e sua batalha.

Começou a dar aulas em um projeto social, uma lona circense, no centro da Cidade Mágica, que trabalhava com resgate de adolescentes de comunidades de baixa renda e em situação de risco, a convite de uma grande diretora amiga sua, que dirigiria lá um espetáculo que tinha todos os requisitos para tornar-se revolucionário.

Duas vezes por semana, Lurian comparecia a essa lona para dar suas aulas. Obviamente, ensinava tudo, menos a voar.

Começou a observar um homem, aparentemente taciturno, concentradíssimo no trabalho e, como se diz no popular, "não muito afeito a ficar mostrando os dentes para todos".

Perguntou a uma menina:

– Quem é aquele homem que fica ao telefone quase o tempo todo, anda de um lado para o outro e fala com várias pessoas?

A menina respondeu:

– Dizem que o nome dele é Cipriano, mas todos o chamam de "Seu Cipriano". Ele não é muito de conversa, mete a cara no trabalho e nada mais.

– Mas o que ele faz aqui?

– Foi contratado pra fazer o espetáculo andar. Está vendo aquele material ali?

Lurian olhou para fora da lona e viu muito material de construção, madeiras, ferros. E respondeu:

– Sim, estou vendo.

– Pois é, foi ele quem mandou comprar tudo, está contratando os peões. E dizem que ele vai gerenciar tudo durante o espetáculo.

Lurian sussurrou:

– Huumm... intrigante!!!

O tempo passou, Lurian e Seu Cipriano trocaram algumas palavras. Ao final da última sessão do último dia da temporada, Yara, mãe de Lurian, abraçou Seu Cipriano chorando e disse:

– Seu Cipriano, muito obrigada por tudo! Foi muito bom tê-lo conhecido!

Lurian aproximou-se, abraçou Seu Cipriano fortemente e disse:
– Seu Cipriano, foi muito bom tê-lo conhecido!
Ele respondeu:
– Desejo muitas pipocas em tua vida!

(Durante várias sessões do espetáculo, Seu Cipriano flagrou Lurian comendo pipoca doce com chocolate. Segundo ela, seu grande vício.)

Ele deu um sorriso, agradeceu o carinho de ambas e voltou para a lona.

Mais um ano se passou. Seu Cipriano, que passou a virada de ano na montanha refletindo sobre sua vida, seus atos e sua missão, não conseguia parar de pensar naquela intrigante mulher que havia conhecido no circo. Na verdade, ele gostaria de conversar muito com ela, sentia que, apesar do pouco contato, tinham muita afinidade.

No alto da montanha, Seu Cipriano não usava nenhum aparato tecnológico. Deixava tudo "lá embaixo", como ele mesmo dizia. Costumava dizer que lá em cima não precisava disso, porque usava a força de seu pensamento.

Assim, mentalizou: "Quero reencontrar aquela mulher". E adormeceu.

Algumas horas depois, foi acordado por uma suave voz feminina:
– Seu Cipriano, meu querido!
Abriu os olhos e viu Lurian, sorrindo, que disse:
– Você me chamou? Estou atendendo a seu chamado. Quer conversar comigo?
– Claro! Mas, me diz uma coisa: como subiste esta montanha?

Lurian deu um sorriso fazendo surgirem suas asas e sua auréola e começou a sobrevoar a montanha.

Sorrindo, ela falou:
– Viu o que consigo fazer, Seu Cipriano?
Espantado, ele disse:
– Bem que eu notei que havia algo diferente em ti, Anjo Mulher!

Lurian desceu, com outro sorriso fez suas asas e sua auréola desaparecerem, e disse:
– Muito bem, vamos conversar!

Sentaram-se à pedra e ficaram conversando por sete dias e sete noites ininterruptamente.

Ao final desse período, já se tratavam como se fossem conhecidos fazia muitos anos. Descobriram muitas afinidades e, principalmente, algo em comum: a missão em lutar pela justiça e pelo amor.

Lurian olhou para ele e disse:

– Meu querido, preciso ir embora. Tenho muitas coisas a fazer lá embaixo.

– Vai, minha querida! Cumpre com tuas tarefas, porque em breve terás uma grande surpresa. Teu grande sonho vai se realizar, mas, antes disso, terás algumas pedras em teu caminho.

– Como assim?

– Estarás em meio a uma guerra e, nesse momento, mesmo sem pedires, tuas asas aparecerão maiores do que nunca, juntamente com tua auréola, e saberás que o Sagrado Pai Oxalá te deu esse poder para que estivesses naquele local e naquele dia, para salvar a dignidade humana.

Intrigada, Lurian beijou a testa de Seu Cipriano e alçou voo.

Encontraram-se ainda muitas vezes durante seis meses. Algumas vezes ela o visitava lá em cima, em outras se encontravam na cidade para conversar.

O fascínio de Seu Cipriano por Lurian era tão grande que ela conseguiu até que ele entrasse em um shopping center para comer pipoca e assistir a um filme no cinema, coisa inimaginável para os costumes conservadores daquele homem.

Certa noite, ao chegar em casa, Lurian encontrou Yara, sua mãe, chorando copiosamente:

– O que foi, mãezinha?

– Minha filha, nosso bairro está em pé de guerra. Hoje à tarde, sete pessoas foram assassinadas; sete inocentes, minha filha! Robson e Márcio vão se matar. Ambos estão dizendo que não vão descansar enquanto não destruírem ao outro.

– Mas eles são irmãos! – disse Lurian.

Yara esbravejou:

– São bandidos, assassinos! Têm de apodrecer no inferno!

– Mãezinha, não fale assim! Eu conheço você e sei que seu coração é grande. Esses meninos são vítimas do câncer social que nosso país contraiu por nossa própria culpa e de nossos antepassados.

– Eu sei, minha filha. Você tem razão. Estou muito nervosa. Fico com medo que aconteça algo a você. Eu não aguentaria!

Lurian disse:

– Fique tranquila. Eu lhe garanto que nada vai me acontecer.

Naquela noite, foi impossível dormir naquele bairro. Tiros e foguetes ininterruptamente. Do seu quarto, Lurian pensou: "Vou me comunicar com Seu Cipriano". E mentalmente perguntou a ele: "Seu Cipriano, o que devo fazer?".

Nesse instante, o Anjo Mulher adormeceu.

Sonhou com Seu Cipriano na montanha, dizendo-lhe: "Lurian, és o Anjo Mulher. Recebeste essa incumbência do Sagrado Pai Oxalá e é chegada a hora. Quando acordares, vais à rua salvar os inocentes".

Lurian acordou intrigada, com o coração acelerado, e falou em voz alta:

– O que é isso? Como farei isso?

Voltou a dormir.

Às 7 horas em ponto, Yara a acordou:

– Minha filha, acorda, pelo amor de Deus! Veste uma roupa e vem para a sala.

Lurian, ainda meio adormecida, vestiu-se, foi ao banheiro, lavou o rosto e foi à sala.

Assustou-se ao ver dois soldados do crime, um de camisa vermelha e um de camisa amarela. O de camisa vermelha tomou a frente da situação e disse:

– Vamos te levar para conversar com o chefe, o Márcio, a área agora é nossa!

O de amarelo interviu:

– Nada disso, irmão! O chefe é o Robson e a área é nossa. Na verdade, moça, hoje é o dia que em que vai ser decidido com quem fica o bairro. E você vai com a gente!

Lurian perguntou:

– Por que eu?

– Porque tem uns amiguinhos seus lá que vão ser executados. E você vai fazer o serviço! – respondeu o soldado de camisa amarela.

Lurian começou a chorar:

– Não, eu não posso!

O soldado vermelho pegou-a pelo braço e falou gritando:

– VAMOS EMBORA, MOÇA! NÃO TEMOS TEMPO A PERDER!

Lurian foi conduzida a uma casa branca, em uma rua paralela à sua. Lá, encontravam-se os irmãos Márcio (comandante da parte vermelha), encostado na parede esquerda com um fuzil na mão, e Robson (comandante da parte amarela), encostado na parede direita com um fuzil na mão.

Sentados ao chão, um casal de velhinhos e duas crianças: um menino e uma menina de aproximadamente 10 anos cada.

Lurian disse:

– Vocês me disseram que eram amigos meus. Eu não conheço essas pessoas!

Márcio disse:

– Não tem problema! Você vai escolher quem vai morrer ou quem vai viver. Os velhos ou as crianças?

Robson disse:

– E depois, nós vamos disputar na bala aqui dentro mesmo com quem fica o bairro.

Lurian disse:

– Parem com isso, vocês são irmãos!

Márcio gritou:

– CALA A BOCA, OU VOCÊ MORRE AQUI MESMO!

Nesse momento, Lurian lembrou-se das palavras de Seu Cipriano na montanha, dizendo-lhe que estava chegando o dia e a hora em que ela usaria as asas e a auréola que lhe foram dadas pelo Sagrado Pai Oxalá. Lembrou-se também do sonho que tivera naquela noite.

À direita, ela avistou uma janela e, ao fundo, no quintal, bem distante, ela viu Seu Cipriano. Fixou o olhar nele, que sacudiu a cabeça afirmativamente para ela e foi embora, sumindo de seu raio de visão.

Nesse momento, ouviu-se uma sirene e um grito:

– É POLÍCIA, VAGABUNDO! PERDEU, PERDEU!

Os PMs invadiram a casa e começou o tiroteio. Involuntariamente, cresceram as asas e a auréola de Lurian, tomando uma forma gigante.

Com suas asas gigantes ela abraçou as crianças e o casal de velhinhos e ficou assim durante o tiroteio. Nenhuma bala atingiu Lurian ou algum de seus protegidos.

Ao final, dois PMs estavam mortos, Márcio foi algemado e preso e Robson estava morto juntamente com os dois soldados do crime que foram buscar Lurian em casa.

A perícia chegou para ver os corpos, duas horas já haviam se passado e Lurian continuava ali, acobertando aquelas pessoas em suas asas.

Ao final dos trabalhos, um dos policiais olhou para ela e disse para o colega:

– E esses bandidos tiveram a coragem de fazer tudo isso ao lado dessa estátua enorme e linda, uma imagem maravilhosa de um anjo. Valha-me Deus!

E partiram porta afora.

Lurian abriu as asas, as quatro pessoas estavam adormecidas. Ela os acordou, falou com todos, certificando-se de que estava tudo bem. Conduziu todos até suas casas e voltou para a sua.

Chegou em casa às 12h30. Sua mãe chorava muito. Lurian disse:

– Calma, mãezinha! Tudo acabou bem para quem é do bem.

Yara abraçou-se à filha chorando e disse:

– Eu não sei o que faria se perdesse você, meu amor!

Lurian voltou a dormir. Por volta de 15 horas, foi acordada por sua mãe:

– Minha filha, telefone para você. Acho que é daquele circo lá do estrangeiro.

Ela correu para o telefone e atendeu Henry, que lhe contou a novidade. Ela fora escolhida para o espetáculo de inverno do CIRCO PÔR DO SOL.

O Anjo Mulher não cabia em si de tanta felicidade. Contou para sua mãe, contou também do que lhe acontecera no quarto quando tinha 11 anos. Sim, porque sua mãe não sabia até então que havia gerado o Anjo Mulher.

Dois dias depois, Lurian despediu-se de todos em seu bairro, de sua mãe, e partiu. Mas disse para Yara:

– Mãe, eu vou agora, mas antes vou sobrevoar essa Cidade Mágica e vou visitar alguém muito importante em minha vida.

Alçou voo e começou a sobrevoar a Cidade Mágica, sua terra natal, o lugar que lhe deu tudo o que tinha. Pensou que tão cedo não veria mais uma cachoeira como aquela que sobrevoava e resolveu descer.

Em uma pedra, à beira da cachoeira, encontrou uma bela mulher negra, que lhe estendeu a mão e disse:

– Parabéns, minha filha, você venceu!

Lurian perguntou:

– Quem é a Senhora?

– Sou Oxum, sua mãe! Cuido de você, desde que meu irmão Oxalá deu-lhe essas asinhas e essa auréola, antes de você ser gerada.

A Sagrada Mãe Oxum banhou Lurian com a água da cachoeira e disse:

– Vai, minha filha, segue seu caminho!

Lurian alçou voo e continuou sobrevoando a Cidade Mágica. Olhou para o mar e pensou em descer, para despedir-se do mar, da praia que ela tanto gostava. Quando pisou em solo firme, começou a banhar-se e avistou uma linda mulher negra, com longos cabelos negros, trajando um belo vestido azul-claro. A Orixá aproximou-se e disse:

– Olá, minha filha!
– Mãe Iemanjá!
– Sim, minha filha, vim abençoar-te!
A Sagrada Mãe Iemanjá abraçou-a. Lurian percebeu que ambas estavam pisando sobre a água.
– Vai, minha filha, segue seu caminho!
Lurian alçou voo e, de repente, começou a chover. Era a primeira vez que ela voava em meio à chuva. Gostou da sensação, sentiu-se livre.

A chuva foi rápida e, já voando com a sensação do sol tocando-lhe o rosto, avistou um campo. Desceu, por pura curiosidade. Olhou aquele campo. De repente, ouviu uma voz máscula e grave:
– Olá, minha filha!
Ela olhou para a frente, avistou um homem negro, alto e fortíssimo, descendo de um cavalo, em uma roupa azul-escura, com uma espada de ouro às costas.
– Quem é o Senhor?
– Sou Ogum, seu Pai! Vim trazer força, para que você possa seguir seu caminho, guerreira!
E, com sua espada, ele abençoou a filha sobre a cabeça e os ombros. Ela o abraçou e, chorando, disse:
– Obrigada por tudo, meu Pai Sagrado!
O Sagrado Pai Ogum disse:
– Vai, minha filha, segue seu caminho!
Lurian alçou voo e pensou: "Ainda preciso fazer uma última visita antes de partir".

Sua felicidade era tão grande que Lurian começou a fazer acrobacias no céu. De repente, avistou a montanha que procurava com certa dificuldade, pois havia duas nuvens enormes à frente dela.

Ela se aproximou, pôs as mãos nas duas nuvens e separou-as.

Fez algumas acrobacias no ar, pegou pedaços das nuvens nas mãos e desenhou um coração.

Voou para o meio desse coração branco, parou por instantes de braços abertos bem ao meio dele, fez mais algumas acrobacias, olhou para baixo e sorriu para o homem que a observava. Desceu lentamente, pousou em pé à frente do homem e, sorrindo, disse:
– Seu Cipriano, meu querido, vim me despedir!

Um Retorno...

Alguns minutos após a partida de Lurian, o tempo começou a fechar na Cidade Mágica, nuvens escuras se aproximavam anunciando uma tempestade.

Seu Cipriano via tudo do alto da montanha. Ele se recolheu em uma pequena toca que havia naquele local, onde sempre se refugiava em dias e noites de chuva.

Não demorou muito para que a chuva chegasse definitivamente, mas Seu Cipriano já estava seguro e confortável, pronto para descansar.

Durante aquela noite sonhou muito, muitos sonhos confusos, aparentemente dissonantes, mas todos esses sonhos o remetiam à Cidade Sorriso, sua terra natal.

Acordou com a chegada do sol. A chuva já havia ido embora mar adentro.

Intrigado com todos aqueles sonhos, pensou: "Por que todos esses sonhos me levaram à minha cidade? Tudo o que está lá ficou para trás em minha vida, não há mais nada para eu fazer na Cidade Sorriso!".

Seu Cipriano passou o restante daquele dia estudando, lendo seus livros e suas anotações. Ele sempre fora um autodidata e, nos últimos tempos, estava se dedicando a estudar a Escrita Mágica Sagrada.

Em um determinado momento, no meio da tarde, sentiu sono, deitou-se ali mesmo sobre a pedra e adormeceu. E sonhou.

Em seu sonho, levantou-se da pedra e, nesse mesmo instante, vindo do horizonte, sem que ele pudesse precisar exatamente de onde, avistou um raio de luz branca que, em uma fração de segundos, veio em sua direção e caiu na montanha, poucos centímetros à sua frente.

Essa luz tomou forma humana. Era o Sagrado Pai Oxalá, que disse:

– Olá, Cipriano, quanto tempo, não é mesmo?

Nesse instante, ele ajoelhou-se, elevou as mãos e disse:

– Sagrado Pai Oxalá, de joelhos e reverente eu o saúdo e peço que me envolva com seu Amor Divino, com Seu Poder e com Sua Luz! Peço que me abençoe e continue me iluminando como sempre, para que eu possa sempre seguir como um incansável soldado de nosso Pai Maior e Divino Criador Olodumaré.

– Cipriano, vim avisar-te que precisas ir embora.

– Como assim, Sagrado Pai?

– Precisas, meu caro, retornar para o lugar de onde vieste. Deixaste pendências por lá, pessoas precisam de tua ajuda. Mas...

– Algum problema, Sagrado Pai?

– Não vou te precisar o período que ficarás por lá, mas te digo que deverás ter muita paciência e agir com sabedoria. Durante o tempo em que estiveres lá, te sentirás preso, algemado e... será assim mesmo. Só te libertarás dessas amarras quando todas as pendências estiverem resolvidas. Então, poderás sair de lá e ires para o lugar do mundo que escolheres.

Seu Cipriano olhou para o lado, avistou o mar, a lagoa e o Cristo protetor da Cidade Mágica de braços abertos.

O Sagrado Pai Oxalá colocou seu cajado sobre a cabeça de Seu Cipriano que, nesse instante, acordou. Olhou para os lados. Somente ele estava na montanha.

A partir daquele momento, Seu Cipriano guardou seus livros e recolheu-se na velha toca. Ficou em profunda meditação por sete dias e sete noites.

Na sétima noite, recolheu suas coisas, guardou-as em uma velha sacola de tecido cor violeta, sentou-se à pedra mais alta daquela montanha e mentalizou: "Vou partir, mas antes preciso passar em dois lugares importantes e fundamentais em minha vida aqui neste lugar".

Alguns minutos depois, ele estava andando pela Avenida do Riacho, no Bairro dos Arcos.

O Bairro dos Arcos era um dos mais antigos e tradicionais da Cidade Mágica. Um bairro histórico, boêmio, onde a cultura e as artes em geral (especialmente a música) eram pulsantes e efervescentes.

Ele andava por esse bairro à procura de um grande amigo, um homem que poderia ser considerado "dono" daquele local. Muitos sentiam a presença daquele homem, mas poucos o viam por ali.

Após alguns minutos, Seu Cipriano ultrapassou os arcos e, dentro de um centro de cultura africana (uma certa federação de blocos afros), avistou seu amigo. Ele caminhou na direção do homem, que logo o reconheceu e também foi em sua direção. O homem disse:

– Seu Cipriano, meu velho amigo e conselheiro, quanto tempo! A que devo a honra de sua visita em meu território?

E deu-lhe um longo e afetuoso abraço.

Seu amigo, um negro alto, com ar e olhar de malandro, vestia um terno branco polido e reluzente, gravata vermelha e um belo chapéu panamá branco com uma listra vermelha percorrendo toda a sua circunferência.

Seu Cipriano disse:

– Zé, meu bom amigo, tu foste o primeiro e o mais importante para mim aqui nessa cidade. Tu abriste as portas e os caminhos da Cidade Mágica para mim. E te sou eternamente grato; afinal, apesar de identificado e apaixonado por esse local, sou um "gringo"...

– Mas o que está se passando, velho amigo?

– Zé Pelintra, vim te avisar que estou partindo.

– O que é isso, Seu Cipriano?! Precisamos do senhor aqui!

– Infelizmente, meu bom amigo, preciso retornar à Cidade Sorriso. Tenho coisas sérias a resolver por lá. Não sei quando volto, se é que um dia voltarei em definitivo. Mas, te garanto, em breve venho aqui, ao menos para visitar-te.

– Seu Cipriano, o senhor é um grande amigo meu, mas, com certeza, sabe o que está fazendo. Fico triste, mas também orgulhoso em ter me tornado seu amigo. Vamos fazer o seguinte: venha comigo até um outro bar. Vamos beber uma cerveja, jogar uma sinuca e celebrar nossa amizade.

– Obrigado Zé, mas eu preciso partir. Ainda preciso passar por outro lugar.

Zé Pelintra sentiu a tristeza de Seu Cipriano naquele momento de partida e intuiu que não deveria insistir. E disse:

– Seu Cipriano, grande amigo, siga então seu caminho. Espero que possamos nos ver muito em breve. As portas de meu território e da Cidade Mágica estarão sempre abertas.

Seu Cipriano respondeu em voz baixa e ar triste:

– Obrigado, Zé Pelintra!

Os amigos abraçaram-se. Foi um abraço longo, sincero e caloroso.

Seu Cipriano retornou em direção à Rua do Riacho, caminhou duas quadras e entrou em uma rua à esquerda que subia para o Morro da Tereza.

O Morro da Tereza era um bairro também histórico, cultural, bucólico e um tanto boêmio da Cidade Mágica.

Seu Cipriano poderia partir por outros caminhos, mas fez questão de ir por ali, pois aquele local, o Morro da Tereza, assim como o Bairro dos Arcos, havia sido vital durante sua estada na Cidade Mágica.

Nesses locais ele fez amigos, viveu seus melhores e mais prazerosos momentos. Foram sete anos e, no fundo de seu coração, ele desejava voltar em breve e ficar mais 77 anos vivendo naquele local.

A subida para o ponto mais alto do Morro da Tereza era longa e cansativa, mas, como que querendo adiar sua partida para a Cidade Sorriso, ele subia devagar, respirando aquele ar e admirando aquela paisagem. Temia que fosse a última vez e, por isso, fazia questão de curtir cada momento.

Olhava e admirava aquelas casas, tão antigas e tão belas.

Poucos conseguiam ver, como ele via, mas em cada construção daquele lugar havia um anjo na entrada tomando conta do local. Outros anjos, que obviamente também não eram visíveis ao olhar dos espíritos humanos encarnados, andavam pelas ruas do Morro da Tereza para espalhar e garantir a paz e a beleza que exalavam pelo ar daquele pedaço privilegiado do mundo.

E Seu Cipriano finalmente chegou ao topo do Morro da Tereza.

Já era madrugada. Ele via dali grande parte da Cidade Mágica, a cidade que ele tanto amava, a cidade que ele havia escolhido para ser sua.

Mas ele também sabia que sua missão e seu compromisso, assumidos antes de chegar à Terra, deveriam seguir.

Então, ele se preparou. Respirou fundo. Olhou alguns pontos da Cidade Mágica, sentou-se bem à beira daquela montanha (atrás dele havia uma pequena floresta). Mentalizou tudo que havia acontecido em sua vida nos últimos sete anos na Cidade Mágica, pensou também na Cidade Sorriso, para onde estava partindo, viu sua infância, sua adolescência... e adormeceu.

Ao nascer do sol, acordou em um outro morro já na Cidade Sorriso.

Levantou-se, avistou lá de cima o rio. Ah, aquele rio... o rio que era o coração daquela cidade! Há sete anos ele não via aquele rio, de tantas e boas lembranças.

Quando menino, seu pai costumava levá-lo para ver o pôr do sol daquele rio. Nunca em sua vida teve finais de tarde tão belos quanto os que tinha com seu pai.

Lembrou-se da primeira vez em que, segurando sua mão, seu velho pai apontou para o sol e disse: "Dingo (esse era o apelido carinhoso pelo qual somente seu pai lhe chamava), atrás daquele pôr do sol há um outro continente, uma bela terra. Nessa terra, meu filho, vive um povo que vem sendo oprimido ao longo da história. Um dia, o ser humano, no ápice de sua crueldade, lá chegou e acabou com a paz desse povo, tirando-os de sua terra, levando-os aos quatro cantos do mundo e escravizando-os. E esse povo sofreu e sofre as consequências provocadas por esses atos de ignorância humana até hoje. Luta por eles, meu filho, esse povo também será teu povo, porque tu tens a justiça marcada na alma, tu és um filho do Sagrado Pai Xangô... e com o que há de mais belo em ti, lutarás pela justiça!".

Olhou para uma pequena estrada de terra que levava à cidade.

Era um belo dia de sol, porém muito frio.

Cipriano respirou fundo e pensou: "Vamos lá, vamos trabalhar!". E iniciou a descida montanha abaixo, rumo à sua cidade natal.

Abolir o Preconceito é Promover a Inteligência

Mensagem de Pai Thomé do Congo aos umbandistas

Há muito tempo, Negro Velho vem percebendo que um dos grandes problemas no convívio dos filhos nessa Terra é o preconceito.

Meus filhos, todos sabemos que a vida é fruto da obra de Nosso Criador Divino.

Julgar seus irmãos por aparência, *status* social, região de origem ou cor da pele é um ato de burrice.

Engana-se aquele que se considera inteligente e se acha melhor que seus irmãos. Só por isso, já está bem distante da inteligência.

A discriminação racial, sexual ou até de condutas (porque muitos julgam outros por suas atitudes) atravanca a evolução pessoal e até mesmo a evolução planetária.

A vaidade humana, tendo o preconceito como sua principal arma, tem produzido ao longo dos tempos os grandes males que fizeram com que a humanidade sofresse e continue ainda sofrendo por demais.

Agora, vou falar especificamente aos filhos umbandistas (médiuns e adeptos): quando a Umbanda foi criada no plano astral, o Brasil foi escolhido para ser o berço dessa religião, porque é uma nação diversa em sua cultura, democrática por natureza. Por isso, a Umbanda surgiu aqui como uma religião que aceita a tudo e a todos. Essa é a essência de nossa religião e assim ela deverá ser sempre.

Mas, infelizmente, não é sempre assim que acontece!

Negro Velho tem visto dentro dos terreiros de Umbanda, por este país afora, a vaidade imperando, por parte de dirigentes, médiuns e até mesmo de frequentadores. Julgam os irmãos como se não tivessem defeitos ou "rabo preso" com a Lei Divina.

Saibam, meus filhos, que todos os que estão encarnados neste plano da criação têm alguma dívida com a Lei Maior.

Portanto, Negro Velho deixa essa mensagem, para dizer aos filhos umbandistas e aos não umbandistas também que cada gota de vaidade, cada fatia de julgamento, afasta-os cada vez mais de vossos "Anjos de Guarda".

A sintonia com vossos Orixás e Guias Espirituais, da qual Negro Velho fala tanto, fica cada vez mais difícil e mais distante quando os filhos agem dessa forma.

Na verdade, o que acontece nas Casas de Umbanda é só uma reprodução do que vem acontecendo lá fora em vossas vidas.

Pois, Negro Velho propõe que comecem a mudança por dentro do terreiro, meus filhos!

Aproveitem o momento em que estiverem lá dentro para se conectarem com Deus. Ele está dentro de cada um, basta sintonizarem. Não percam tempo com fofocas, com conversas desnecessárias, que só atrapalham os trabalhos.

Voltem-se para vosso interior, sintonizem com a Divindade que carregam, depois olhem para fora e prestem atenção em vossos irmãos. Olhem para eles com o coração, sem vaidade, sem preconceitos e sem julgamentos. E vejam que todos estão ali na busca de um bem comum: a Misericórdia Divina.

Meus filhos, humildade é sabedoria, e só com ela conseguirão trilhar com paz e tranquilidade o caminho evolutivo.

Fiquem em paz!

Leonor

Leonor desce a ladeira requebrando na cadência do samba que ouve em seu mp3.

É uma linda mulher de pele negra e macia (que brilha quando contrasta com os raios do sol), corpo bem feito e volumoso, cabelos longos cacheados e artificialmente tratados. É a única parte de seu corpo que a incomoda. Costuma dizer: "Da testa para baixo, não mexo em nada, está tudo perfeito. Mas esse cabelo ruim sempre me incomodou, sempre me deu trabalho. Por isso, gasto tempo e dinheiro para deixá-lo bem macio".

Nunca teve uma vida fácil. Nascida e criada em uma favela, é filha de mãe solteira.

Dona Alcinda, sua mãe, sempre trabalhou duro como diarista, para dar a ela uma boa educação. Leonor sempre diz a todos que deve tudo o que tem à dona Alcinda. Sonha crescer profissionalmente, para dar luxo e conforto à sua já velha e cansada mãe.

Dirige-se ao ensaio de sua escola de samba. É passista, mas sonha em ser rainha da bateria. Um sonho relativamente difícil, em tempos em que o reinado de bateria de qualquer escola de samba é dado a atrizes, cantoras ou outras celebridades femininas.

Pensa: "Se ao menos eu arrumasse um namorado gringo, conseguiria dar a guinada que tanto necessito em minha vida!".

Aos 21 anos de idade, Leonor cursa o segundo ano de Publicidade e Propaganda em uma universidade particular. Tem dificuldades para manter os estudos, não tem emprego fixo, vive de alguns bicos que faz como recepcionista em eventos e acaba sempre contando com a ajuda da mãe para completar a mensalidade.

Aos 17 anos, tentou investir na carreira de modelo, mas encontrou duas barreiras, que, ao menos naquele momento de sua vida, não teve forças para transpor: não ser magra, pois é o tipo de mulher taxada como "gostosona"... e ser negra.

Certa noite, em um bar, conversando com amigos, na verdade desabafando, ouviu de um deles:

– Mas eu não entendo essa questão. Há várias modelos negras bem-sucedidas. Acho que você está exagerando, Leonor!

Jussara, sua melhor amiga, disse ao rapaz:

– Conte agora. Quer contar nos dedos ou prefere usar esses palitos aqui? – ela tirou meia dúzia de palitos da caixa de fósforos, oferecendo-os ao amigo. E prosseguiu:

– Conte esse quase infinito número de modelos negras que você conhece, depois fique à vontade para contar quantas modelos não negras você conhece. Além do mais, saiba que para esse número (que você considera como satisfatório, ao menos) há sim um número muito maior de meninas negras que desejaram ascender nessa profissão, mas nem ao segundo degrau chegaram.

O rapaz não soube o que dizer. Enquanto isso, Leonor ficou cabisbaixa, com olhos marejados. Tinha real e plena consciência de sua condição na sociedade, da dificuldade em ser mulher, negra e, quase na totalidade das vezes, ser vista apenas como "um pedaço de carne". Sabia que tinha valor, que tinha potencial, era uma mulher inteligente. Não conseguia, na maioria das vezes, expressar isso. Sucumbia ao preconceito, amedrontava-se e apequenava-se.

Jussara olhou para ela e disse:

– Não fique assim, amiga querida, minha irmãzinha do coração! Você é maior e melhor do que tudo isso. O tempo mostrará que tenho razão.

Chega à escola de samba e vai falar com um dos diretores, que considera seu padrinho, pois ele a levou àquela agremiação. Não consegue ter dele a atenção que deseja. O "padrinho" de Leonor está mais preocupado em acertar tudo para a chegada, em aproximadamente duas horas, da famosa rainha de bateria.

Deprimida, ela se dirige ao bar para beber cerveja.

O ensaio, naquela noite, ocorre dentro da normalidade, mas, pela primeira vez, Leonor percebe-se solitária. Há ali tanta gente conhecida, alguns que ela até julga serem seus amigos, mas sente-se estranha. A cada gole de cerveja, pensa estar flutuando mais e mais, rumo a uma outra dimensão. E continua bebendo.

No auge do ensaio e da madrugada, a célebre atriz, rainha da bateria da escola de samba, resolve descer do camarote e sambar no meio do povo. Isso causa um alvoroço, todos querem estar perto dela, fotografar; jornalistas acotovelam-se, câmeras acima das cabeças dos cinegrafistas disputam um melhor ângulo para a "melhor imagem".

Leonor, já bem alterada por causa da ingestão de cerveja, pensa: "Essa patricinha branquela acha que samba? Eu vou mostrar a ela e a todos esses babões quem têm samba no pé, quem é a verdadeira rainha desta escola de samba!".

Vai até o centro da quadra, onde se concentra o tumulto, coloca a mão direita sobre o peito da rainha de bateria, empurrando-a, dá um giro para a direita, dá seu primeiro passo para as câmeras e cai desmaiada.

Na manhã seguinte, acorda em uma cama de hospital e assusta-se com a presença de um homem que não conhece. Um homem loiro, aparentando 50 anos de idade aproximadamente. Pensa: "Esse cara é gringo. Aliás, é um gringo bem feio!".

Com um sotaque carregado, o homem fala:

– *Good morning...* bom dia, *darling*!

Ao abrir a boca para responder, Leonor sente um gosto amargo que, ao mesmo tempo, parece queimar sua boca por inteiro. Era como se sua língua fosse um vulcão em erupção que espalha fogo por toda a boca. Mesmo assim, responde com certa dificuldade, voz rouca e em tom baixo:

– Bom dia! Quem é você? Que lugar é esse? Como vim parar aqui? Nossa, isso nunca me aconteceu, nunca bebi tanto assim!

– *My darling*, você passou mal ontem e eu trouxe você até aqui.

– Mas cadê meu padrinho, cadê o pessoal da escola?

Nesse momento, uma enfermeira adentra o quarto:

– Bom dia, Leonor! Como você está se sentindo?

– Toda dormente e com gosto de cabo de guarda-chuva na boca.

– Ok, querida! Meu nome é Luciana, sou enfermeira aqui neste hospital. Você passou mal por conta de exagero na bebida, mais um pouquinho e você teria entrado em coma alcoólico. Mas vimos aqui que você está bem. Se seguir nesse ritmo de recuperação (você é uma mulher bem forte), terá alta hoje à tarde.

Leonor diz:

– Beleza, já vi que o amigo aqui me ajudou, está aqui cuidando de mim, mas cadê o pessoal da escola?

Luciana responde:

– Olhe, querida, eles deixaram você aqui e saíram correndo. Estavam preocupados com aquela atriz... putz, esqueci o nome dela! Mas seu amigo ficou aqui a noite inteira.

– É – diz Leonor. – Eu gostaria muito de saber quem é esse meu amigo.

Vira o rosto para ele e pergunta:

– Qual é seu nome?

– *My name is Charles*.

– Você é gringo, né? Ops, desculpe, digo: você não é brasileiro, né?

– *No, no, darling, I'm from England*.

– Hã?

– *Oh, sorry*! – e prosseguiu falando em português com dificuldade. – Eu ser inglês.

– Ah, sim, inglês. Entendi. Mas, por que você ficou aqui a noite toda, se você nem me conhece? Por que também não foi correr atrás da patricinha famosa de pernas finas?

– Oh, primeiro por que você ficaria sozinha aqui e...

Charles enrubece. Leonor diz:

– Fale, homem de Deus!

– *Well*, não ser nada difícil perder uma noite de sono olhando você. Você ser a mais bo... bon... Oh, como fala mesmo? Você ser a mais bo-ni-ta mulherrr que eu já viu no vida.

Sem jeito, Leonor responde:

– Ai, obrigada!

Ficam ali conversando algum tempo. Algumas horas depois, Leonor tem alta. Charles providencia um táxi e leva-a para casa. Chegando à porta de casa, despede-se dele, agradece por tudo. Dá a ele o número de seu celular e diz que ele pode ligar quando quiser e a qualquer hora. Ela está muito grata a ele por ter sido a única pessoa que a apoiou naquele momento difícil.

Entra em casa e encontra dona Alcinda chorando.

– O que foi, mamãe?

– Ah, minha filha, eu não sabia para onde correr, não sabia como achar você. Eu vi na televisão hoje, no noticiário do meio-dia, você batendo na moça, desmaiando no ensaio. Mas não disseram em que hospital você estava.

Ela abraça a mãe chorando, com remorso, e diz:

— Calma, mãezinha, está tudo bem, foi só um porre! Perdoe-me, mãezinha, por ter feito a senhora sofrer assim!

Enxugando as lágrimas, dona Alcinda diz:

— Está tudo bem, minha filha, está tudo bem! O importante é que você está bem, está em casa.

Leonor sente seu peito apertado, é tomada por um enorme remorso. Tudo o que ela não quer é ver sua mãe sofrendo.

— Minha filha, venha, preparei uma comida boa para você.

— Tá, mãe, eu vou tomar um banho e já venho comer.

Toma um banho rapidamente e volta para a cozinha. Está com muita fome. Ao final da refeição, olha para dona Alcinda e diz:

— Mãezinha, vou dormir, preciso descansar.

— Vai, minha filha, vai. Será melhor, assim você repõe suas energias. Tem bastante coisas na geladeira, no *freezer* e no armário, caso você acorde com fome.

— Tá bom, mãezinha, meu anjo lindo! O que seria de mim sem a senhora?

Beija a mãe na testa. Dona Alcinda sorri, satisfeita e aliviada por ter a filha por perto. Leonor vai para o quarto e adormece quase instantaneamente. Porém, acorda aproximadamente uma hora depois, ofegante. Pensa: "Meu Deus, por que estou assim? Parece que tive um pesadelo, mas não lembro de nada!".

Levanta-se, vai até a cozinha, bebe um copo de água gelada. Sente o corpo cansado, mas também sente que não conseguirá dormir naquele momento. Olha para o relógio: 21 horas. Liga a televisão, passa por vários canais e não acha nada interessante.

Fala em tom baixo para si:

— Ah, quer saber de uma coisa? Vou para a cama. Daqui a pouco o sono vem.

Deita-se, não consegue dormir. Vira para um lado e para o outro. Após algum tempo, toma um susto. Ouve uma voz feminina dizer:

— Essa daí tá no papo!

Em seguida, uma voz masculina grave e metálica, diz:

— Cale a boca! Eu te autorizei a falar? Só fala quando eu pedir tua opinião. Ela não pode nos ouvir agora.

Assustada, ofegante e com os olhos arregalados, Leonor levanta, acende a luz, anda pelo quarto. Sente muito medo, sente algo pesado, sente que o clima não está bom. Há algo estranho no ar.

E pensa: "Meu Deus, o que é isso? O que está acontecendo comigo? Estou ouvindo coisas, isso nunca me aconteceu!".

Deita novamente, mas não apaga a luz. E ouve uma gargalhada masculina, grave e metálica, ecoar pelo espaço.

Custa a dormir.

No dia seguinte, quando acorda, vai à cozinha e vê dona Alcinda colocando a mesa para o almoço.

— Nossa, mãe, que horas são?

— Já passa do meio-dia, minha filha. Você dormiu bem, hein?!

— É, mãezinha. Na verdade, acordei no meio da noite e custei a voltar a dormir.

— Minha filha, tome aquele remédio que tomo quando estou com insônia.

— Ai, não, mãe, tenho medo!

— Você é quem sabe, filha!

— Mãe, quero lhe fazer uma pergunta.

— Faça, filha!

— Você ouve vozes de madrugada? Pelo menos, já ouviu alguma vez?

— Cruz credo, minha filha! — bateu três vezes no balcão de madeira. — Deus é mais! Você anda ouvindo coisas, minha filha? Reze Pai-Nosso, Ave-Maria, pegue o terço, abra a Bíblia.

— Não mãe, não estou ouvindo nada! É que uma amiga minha veio me falar e eu não sabia o que dizer.

— Ah, bom. Que susto, minha filha!

Leonor passa o resto do dia preocupada, não consegue esquecer o que aconteceu na noite anterior.

À tardinha, resolve ligar para o gringo.

— *Hello*!

— Alô... Charles... sou eu, Leonor. Tudo bem com você?

— Oh, *yeah*, que bom ouvir você. Tá tudo bom sim.

— Ah, sabe o que é, Charles? Estou aqui sem fazer nada, pensei que podíamos sair, ir ao cinema, sei lá. O que você gosta de fazer?

— Oh, *darling*, eu topo qualquer coisa com você.

— Você tem algum compromisso para hoje?

— No, no, *darling*.

— Ah, então, você pode me pegar em casa às 21 horas?

— *Of course*. Estarei aí às 21 horas.

— Então tá, espero você aqui!

Desliga o telefone, joga-se no sofá e nele fica deitada, liga a TV, mas não consegue se concentrar na programação. Pensa: "Ah, sabe de uma coisa? Esse gringo é feio, mas é gringo! Deve ter grana. E é disso que estou precisando. Poxa, passei o que passei na noite passada e ninguém naquela maldita escola de samba me apoiou. Parece que esse gringo gosta de mim, me dá valor. Se tiver grana, eu pego, antes que outra pegue!".

As decepções, as dificuldades, as barreiras do preconceito levam Leonor a pensar em fazer tudo (ou quase tudo, ao menos) para ascender socialmente, para alcançar a tão almejada "tranquilidade financeira". Quer comprar roupas caras, quer sair daquela favela. Anseia dar uma vida de luxo e conforto para sua mãe, em retribuição ao sacrifício daquela mulher para criá-la com dignidade e fazer dela uma pessoa bem-sucedida na vida. Pensa: "Deu, chega! Enchi o saco de ser certinha! Agora, vou partir para o ataque, vou fazer o que já devia ter feito antes. Vou é me dar bem!"

Capricha na roupa, no salto e no perfume. Para colocar seu plano em prática, precisa impressionar o gringo. Mais do que isso, deve enfeitiçá-lo com sua beleza.

Às 21 horas, seu celular toca.

– Alô!

– *Hello*, Leonor?! Eu estou aqui fora esperando você.

– Ah, ok, já estou indo.

Despede-se da mãe e sai. Quando chega ao portão, assusta-se. Charles, que a levou de táxi do hospital para casa, vai buscá-la em uma Ferrari vermelha. Seu coração acelera, quer falar com o gringo, mas não sabe o que dizer.

– Boa noite, Leonor!

Ele se dirige a ela, beija-a na testa e abre a porta do carro para que ela entre.

Leonor pensa: "Meu Deus, estou ficando sem ar!".

Charles entra no carro, eles saem. Ele diz:

– Vou levar você a um restaurante ótimo que conheci.

Ela não consegue se conter e solta uma gargalhada. E diz:

– Ai que ótimo, meu amor!

Leonor pensa: "Ih, dei mole, mal entrei no carro e já estou chamando o cara de meu amor! É melhor eu segurar minha onda. Não posso ser tão fácil assim!".

Chegam ao restaurante. Charles trata Leonor naquela noite como uma rainha. É um autêntico cavalheiro. Jantam, bebem vinho, conversam muito. Porém, três taças são o suficiente para que Leonor abra seu coração, conte ao novo amigo tudo sobre sua vida, seu sofrimento, suas decepções e o amor incondicional por sua mãe.

Charles ouve-a atentamente, não quer perder detalhe algum. Em um determinado ponto da conversa, Leonor pergunta:

– Poxa, nego, estou aqui há horas falando de mim e você ainda não falou nada de sua vida. Assim não vale!

– Oh, ok. Eu sou um inglês que está passando um tempo aqui no Brasil. Sempre quis conhecer seu país. E agora estou tendo a oportunidade.

– Sim, mas me fale de sua vida. O que você faz? Trabalha em quê?

– Eu trabalho com importação e exportação.

– Ai, que lindo! E você importa e exporta o quê?

– Produtos, *darling*, vários produtos!

Charles não gosta do rumo da conversa. Por algum motivo, não quer falar de sua vida. E muda o rumo da prosa.

– *Darling*, gostaria de convidar você para fazermos nesse fim de semana uma programa diferente.

– E o que você quer fazer, meu lindo?

– Eu gostaria de ir a qualquer baile, qualquer festa. Mas quero ir com você!

– Ah, negão, deixa comigo! Olhe, vou falar com um amigo meu *promoter* e ele vai descolar uma festa bem legal para nós.

– Combinado!

Ainda conversam por mais um tempo. Leonor, curiosa desde que ele chegou à sua casa, pergunta:

– Desculpe-me a indiscrição, mas quero fazer uma pergunta: quando você me levou do hospital para casa, levou-me de táxi. Hoje, buscou-me com aquele carrão lindo, vermelhão! Ele é seu? Você não tem medo de andar com uma "nave" daquelas na rua? A violência aumenta a cada dia. Tenha cuidado!

– *Oh, yeah*! Esse carro ser resultado de um negócio que eu fiz.

Neste momento, Charles silencia e abaixa a cabeça. Sentindo que ele não quer prosseguir naquele assunto, ela muda o rumo da conversa.

– Bom, meu nego, eu preciso ir. Já é tarde e amanhã tenho aula cedo na faculdade.

– Ok, vamos então.

Charles pede a conta, paga e eles vão embora.

Quando a Ferrari entra na favela, todos param para admirar aquele carrão; afinal, um carro daqueles naquela comunidade é uma cena bem incomum.

Ele para em frente à casa de Leonor, desce do carro, abre a porta para ela e diz:

– Obrigado por sua companhia, Leonor, foi muito bom!

Ela pensa: "Nossa, esse gringo, além de feio, é devagar! Mas tem grana. Já vi que vou ter de tomar a iniciativa". E diz, com voz rouca e quase sussurrando ao ouvido dele:

– Você sim, meu lindo, é que é uma ótima companhia!

Dá um selinho na boca dele e diz:

– Boa noite! Preciso dormir, amanhã acordo cedo.

Sem esperar resposta ou qualquer reação dele, ela entra em casa.

Com os olhos arregalados, como se estivesse vendo estrelas, Charles diz:

– *Good night*!

Leonor toma um banho, vai para o quarto, troca de roupa, senta na cama e pensa: "Acho que foi um bom começo. O gringo tá na minha".

E nesse mesmo instante, ouve uma voz masculina grave e metálica dizer:

– Ele estará, só depende de você!

Em seguida, ouve a mesma gargalhada da outra noite ecoar pelo espaço.

Fica assustadíssima, olha para os lados, levanta, anda pela casa, não vê ninguém. Sente novamente o clima pesado. Sente dificuldade para respirar, seu coração acelera. Não sabe por quê, mas está com muito medo. Sente medo de algo que ela nem sabe o que é. Pega um edredom, deita e cobre-se até a cabeça. Reza Pai-Nosso e Ave-Maria em sequência dezenas de vezes. Não adianta, seu medo não passa, o peso não sai do ambiente, seu coração agora está duro como uma rocha, sua respiração é escassa.

Após muito tempo, adormece. Consegue dormir por uma hora e meia. Acorda com uma voz feminina falando suavemente ao seu ouvido:

– Acorde, Leonor!

Ela abre os olhos e vê à sua frente uma mulher com um longo vestido preto, de cabelos longos, lisos e negros, pele branca, dentes pontudos, um rosto bonito, mas com ar maléfico e sorrindo para ela. A mulher diz:

– Vamos, o chefe quer falar com você.

Leonor coça os olhos. Pensa: "Nossa, que pesadelo horrível!".

Nesse instante, a mulher fala:

— Isso não é um pesadelo! Venha, o chefe não pode esperar. Não me faça perder a paciência com você!

Ela aponta o dedo indicador de sua mão esquerda para Leonor, puxando-a para sua frente na velocidade de um raio. Leonor cai de joelhos. Com medo, começa a chorar. A mulher diz:

— Confie em mim, você não precisa temer nada! Basta ser bem comportada e o chefe a recompensará.

Ela põe a mão na cabeça de Leonor, que adormece.

Leonor abre os olhos devagar. Está deitada, vê imagens ainda embaraçadas. Olha para os lados, para o teto, e só vê trevas. Olha para onde está deitada, uma cama de pedra, com lençóis pretos. A mulher que viu em frente à sua cama aproxima-se, sorri para Leonor e diz:

— Bem-vinda, amiga novata!

Leonor nada responde, fica quieta. Sente medo, mas seu corpo está tão dormente que não consegue reagir. E pensa: "Nossa, que lugar é esse? Parece até que eu fui anestesiada!".

E pergunta à mulher:

— Quem é você? Que lugar é esse? Como vim parar aqui?

— Você já saberá. Mantenha a calma, comporte-se bem, o chefe já está chegando.

— Que chefe é esse que você fala?

A mulher apenas sorri para Leonor, dá as costas e sai. Leonor pensa em fugir, mas, em seu íntimo, sabe que será inútil. E fica ali, imóvel e desanimada. Sente sono e cochila.

Alguns minutos se passam. A mulher aproxima-se da maca e diz:

— Acorde, Leonor!

Ela abre os olhos. A mulher prossegue:

— O chefe já chegou. Ele vai falar com você. Sente-se.

Com muita dificuldade, sentindo seu corpo pesado, ela se senta na maca.

— Olhe para a frente — diz a mulher.

Leonor olha e vê, em meio àquela escuridão, uma bola de fogo surgir poucos metros à sua frente. A bola de fogo vai tomando forma quadrada, em seguida retangular. Toma a forma de uma porta. A porta de fogo se abre e de dentro dela saem dois pássaros de fogo.

Pensa: '"Meu Deus, isso só pode ser um pesadelo. Eu não estou passando por isso!".

E ouve uma voz, que imediatamente reconhece (é a voz masculina que ouvia à noite), dizer:

– Caríssima, isso não é um pesadelo! Eu te trouxe até aqui para acertarmos as contas. Eu te trouxe até aqui para, finalmente, selarmos nosso acordo.

Ela continua olhando para a porta de fogo. À frente da porta, parados no ar, um do lado direito e outro do lado esquerdo, estão os pássaros de fogo.

Pela porta sai um homem alto, magro, vestindo calça e camisa pretas, usando uma capa preta quase arrastando ao chão, com uma gola preta enorme cobrindo todo o seu pescoço, um cetro preto na mão esquerda e um lenço preto cobrindo sua cabeça, longa barba negra que chega até a altura do peito, olhos negros arregalados e profundas olheiras pretas. Ele sorri para Leonor. Ela se apavora quando vê que alguns dentes dele são pretos também. Leonor pergunta, temerosa:

– Q-quem é você?

– Caríssima, eu sou o rei!

– Rei... rei de onde?

– De todos os lugares. Você está em meu reino!

– Por que me trouxe até aqui? Como você chegou até mim?

– Como eu cheguei a ti? – ele começa a irritar-se e a alterar a voz; prossegue: – EU NÃO VOU ATÉ NINGUÉM. EU SOU UM REI, UM DEUS! – e solta uma sonora e macabra gargalhada.

Enquanto ele fala, a mulher que o auxilia observa tudo atentamente posicionada atrás de Leonor. Ele prossegue, agora em tom mais calmo:

– Caríssima, eu não fui a ti, porque eu não vou até ninguém! As pessoas pedem-me auxílio. E, como sou uma alma muito caridosa, trago-as aqui para selarmos o acordo. Portanto, bela mulher, quero que saibas que só vieste até aqui porque quiseste, estás aqui por que clamaste por mim e eu te trouxe aos meus domínios.

– Eu chamei você? Mas eu nem sei seu nome. Além do mais, você me dá medo. Eu não costumo chamar quem me dá medo!

– CALE A BOCA! – grita aquele homem macabro.

Leonor abaixa a cabeça e começa a chorar. Lembra-se da mãe. Tem medo de não sair mais dali, de nunca mais vê-la. Levanta a cabeça, enxuga as lágrimas e pergunta:

– Por favor, só me responda uma coisa: eu estou morta?

Ele gargalha suavemente e diz:

– Não, não, tu não estás morta! Eu preciso de ti no plano dos encarnados. Tenho ótimos planos e uma ótima proposta para ti. Mas, antes, minha escrava te levará para que conheças meu reino. Saibas que, conhecendo meu reino, voltarás com a cabeça mais fresca, pronta para conheceres minha proposta irrecusável!

Ele olha para a mulher e diz:

— Escrava, leva nossa hóspede para o passeio turístico.

A mulher pega Leonor pelo braço, que não esboça nenhuma reação e deixa-se levar. Antes de sair, ela para (a mulher também para e fixa o olhar em Leonor), olha para o homem e diz:

— Só uma coisa: me diga seu nome. Qual é seu nome?

— Já que tu queres tanto saber, chama-me de Mestre. Sou o Mestre das Trevas — mais uma vez ele solta a gargalhada tão temida por Leonor que ecoa pelos quatro cantos daquele lugar.

A mulher puxa Leonor pelo braço e leva-a para o passeio. Leonor não acredita no que vê. Ela não consegue enxergar seus pés. Sente estar pisando na lama, mas é tudo tão escuro que ela mal consegue enxergar suas mãos ou qualquer outra parte do seu corpo.

A mulher, silenciosamente, vai conduzindo Leonor pelo braço. Passam por vários lugares, Leonor vê seres de três cabeças, horrendos, verdadeiros monstros, vê outros acorrentados rastejando com corpos e rostos deformados. Vê homens em forma de cachorro ou cachorros em forma de homem, pois eram como cachorros da cintura para cima e homens da cintura para baixo. Ora andavam como bípedes, ora como quadrúpedes.

Pensou: "Meu Deus, isso é a visão do inferno! Por que eu estou aqui, meu Deus? Eu nunca fiz mal a ninguém!". E chora copiosamente.

A mulher olha para ela e diz:

— Acho melhor você engolir essas lágrimas, ficar com uma cara bem boa, pois o chefe não gostará de vê-la assim. Ele tem ótimos planos para você!

Aquelas palavras entram vazias no íntimo de Leonor, é como se ela não as estivesse ouvindo. Tudo o que ela queria naquele momento era sumir dali, voltar para casa ou, até mesmo, adormecer para sempre.

Após o breve passeio, a mulher conduz Leonor novamente para a sala onde o chefe as aguarda.

Quando chegam lá, o ambiente está mudado, ainda trevoso, mas já não está mais lá a cama onde Leonor acordou e o Mestre das Trevas está sentado em um trono preto, aguardando-as.

Ele diz:

— Muito bem, finalmente voltaram!

A mulher apenas abaixa a cabeça em reverência, enquanto Leonor, pasma, fica olhando fixamente para ele.

Ele prossegue:

– Caríssima, tu viste bem os tipos e qualidades de seres que habitam meu reino. Saibas que são todos meus escravos, todos me servem de alguma forma aqui ou no plano onde vives. Aqui embaixo, a lei é rígida e implacável, não há perdão, não há segunda chance. Essa coisa de chance é com o pessoal lá de cima, com o povo da luz. Eu não tenho paciência, não admito falhas, não admito erros. Para ti, caríssima, tenho ótimos planos, percebendo a preocupação e o temor que tomam conta de Leonor, ele diz: – Não, não, não, não te preocupes, mulher, tu não ficarás deformada como os seres que viste! Para ter sucesso em meus planos, preciso de ti assim como és: linda e sedutora!

– Mas, o que você quer de mim?

Nesse instante, a mulher para à frente de Leonor, dispara-lhe uma bofetada e diz:

– Como ousa tratar o mestre com tamanha intimidade, sua novata?

Leonor abaixa a cabeça e chora. Nesse momento, ela já está começando a se entregar. Enxuga as lágrimas, levanta a cabeça e fala novamente:

– Perdão, mestre, gostaria de saber.... – soluça e volta a falar: – O que o senhor quer de mim?

Nesse momento, ele aponta seu cetro preto para ela, que cai de joelhos em frente a ele, chorando. Ele levanta do trono, aproxima-se dela, passa o cetro em seu ombro esquerdo, em seguida firma-o em sua cabeça e diz:

– A partir de agora, mulher, tu és uma escrava do Mestre das Trevas. A mim terás devoção, a mim responderás e só minhas ordens cumprirás.

Lentamente, Leonor levanta a cabeça, olha para seu mestre, seus olhos negros estão tomados por fogo, e diz:

– Ao meu mestre eu devo tudo. Ao meu mestre eu devo a vida. Ao meu mestre eu servirei incondicionalmente.

E a gargalhada do Mestre das Trevas, mais uma vez, ecoa pelos quatro cantos daquele lugar. Ele diz:

– Levanta-te agora!

Ela obedece, em pé fica olhando para ele.

– Presta atenção em tudo o que vou te dizer.

– Sim, senhor, meu mestre.

– Tens muito a ganhar trabalhando para mim. Lembras de todas as vezes que invejaste outras mulheres, por considerá-las mais belas?
– Sim, eu lembro.
– Lembras de todas as vezes em que provocaste alguma intriga nos ambientes de trabalho ou lazer, para tomar a frente em alguma situação, para ganhar pontos com teu chefe ou superior, ou até mesmo para conquistar algum homem que te interessava?
– Sim, eu lembro
– Pois então. Eu sempre te observei. E é por causa dessas atitudes e de tua ambição que estás aqui agora, recebendo a grande chance de tua vida. Como já disse, caríssima escrava, sou uma alma muito caridosa – nesse instante ele abre um largo sorriso, olhando-a no fundo dos olhos... Eu vou te dar tudo o que queres. Queres o homem estrangeiro, não queres?
– Sim, eu quero.
– Queres dinheiro e fama, não queres?
– Sim, quero muito.
– Eu te darei tudo isso, mas, em troca, trabalharás para mim.
Mas o que eu preciso fazer, meu mestre?
– Nada muito complicado. Apenas deverás seguir minhas orientações. Eu dominarei o mundo onde vives e, quando isso tiver se concretizado, tu estarás ao meu lado, usufruindo de tudo.
Ele gargalha novamente.
– E quais são essas orientações?
– Tu saberás, passo a passo. Eu falarei dentro de tua cabeça.
Ele olha para a mulher e diz:
– Escrava, traga o talismã!
A mulher aproxima-se com um talismã preto na mão e entrega-o ao Mestre das Trevas. Ele coloca o talismã sobre o chacra coronário de Leonor, que sente como se sua cabeça estivesse incendiando. Em seguida, encosta o talismã por entre os seios dela. O talismã começa a penetrar no peito de Leonor.
Ela sente seu peito em chamas, chora, grita de dor. O talismã entra completamente, ficando ainda por alguns instantes somente uma fumaça rondando aquela parte de seu corpo.
Ele fala:
– Agora tu estás pronta, ligada a mim. Agora, tu me ouvirás sempre que eu falar. Quando necessário, até me verás. Serás levada de volta para casa e, em pouco tempo, começarás a ouvir minhas ordens.

Leonor nada fala, apenas abaixa a cabeça em reverência ao Mestre das Trevas.

É um dia de sol, de muito calor naquela cidade.

Em sua casa, dona Alcinda prepara o café da manhã para ela e a filha. Coloca a mesa com amor, quer celebrar junto à filha o fato de estarem bem e juntas, agradecer a Deus por mais um dia com saúde, um belo dia, por sinal. Ela vai ao quarto acordar a filha.

– Leonor, meu amor, acorde, fiz um café delicioso para nós!

Espreguiçando-se, com voz rouca, Leonor diz:

– Já vou, mãezinha, já vou!

Ela vai ao banheiro, lava o rosto e dirige-se à cozinha. Beija a mãe no rosto.

– Bom dia, mãezinha!
– Bom dia, minha filha!

Elas tomam o café da manhã, conversam sobre alguns assuntos. Dona Alcinda observa algo diferente na filha. E diz:

– Leonor, o que é isso nos seus olhos?
– O que, mãe?
– Credo, estão vermelhos, Leonor!
– Ah, é de sono, dormi mal essa noite.
– Não, não mesmo, minha filha! A parte branca deles está toda vermelha, isso não é normal! Vá ao médico!
– Ah, mãe, não é nada, deixa para lá!

Dona Alcinda fica intrigada.

Após o café, Leonor vai ao banheiro, lava o rosto novamente e atesta o que sua mãe dissera. Fica preocupada. Mais uma vez, passa água no rosto. Quando levanta a face e olha para o espelho, não vê sua imagem, vê a imagem do Mestre das Trevas. E ouve: "Não te preocupes, é porque ainda faz poucas horas. Ainda hoje, o branco de teus olhos voltará ao normal, mas saibas que toda vez em que estiveres em ação, o branco de teus olhos ficará vermelho". A imagem desaparece do espelho.

Leonor continua tocando a sua vida normalmente. Ela não sabe explicar, mas, após ter voltado daquele lugar macabro, passou a se sentir forte, sente que nada nem ninguém pode detê-la. Muito determinada, só pensa em realizar todos os seus sonhos, não importa o que isso custe. Apenas quer ter uma vida boa e dar à sua mãe tranquilidade e conforto.

Charles liga para Leonor a fim de combinar o próximo encontro. Ela diz:

– Tá certo, meu nego! Já falei com meu amigo, ele vai reservar dois convites para nós em um baile ótimo. Tenho certeza de que você vai gostar!

– Ok, eu aguardo seu contato – diz Charles.

Naquele mesmo dia, Leonor liga para seu amigo, combinam horário e local para o encontro na sexta-feira.

No dia marcado, Charles, com sua Ferrari, busca Leonor em casa e dirigem-se ao encontro do amigo de Leonor.

Já no baile, Leonor dança muito. Charles, desajeitado, tenta acompanhá-la.

Mulheres bonitas, bebidas, Charles e Leonor divertem-se muito naquela noite.

Dançam muito. Em um determinado momento, Charles pega-a pela cintura, puxa-a contra seu peito e diz:

– Eu gosto muito de você, Leonorrr!

– Eu também, meu nego!

Beijam-se. Naquela noite, Charles sente-se o mais feliz dos homens, por estar possuindo uma mulher que considerava uma das mais belas que já vira.

Já amanheceu, Charles deixa Leonor em casa. Despede-se dela com um longo beijo. Ela entra em casa e ele vai embora. Leonor, no banho, pensa: "Tudo sob controle, o gringo está no papo!".

Nesse mesmo instante, ouve a voz do Mestre das Trevas dizer-lhe: "Hoje, dei-te apenas uma amostra do que sou capaz. Estou facilitando teus caminhos. Ele te fará uma proposta de trabalho, aceite. Isso é fundamental para meus planos. Não te esqueças disso, não hesites em aceitar!"

Leonor sente um misto de medo e satisfação. Está satisfeita por estar começando a conquistar tudo aquilo que sempre desejou, mas, ao mesmo tempo, aquela situação, aquele Mestre das Trevas, causavam-lhe pânico. Mas, sabia que não tinha mais como escapar. E se, para conquistar seus objetivos tivesse de trabalhar para aquele homem, trabalharia.

Leonor continuou saindo com Charles, já se consideravam namorados, faziam programas românticos periodicamente. Em certa tarde ensolarada, durante um passeio, ele disse a ela:

– *Darling*, vamos almoçar, preciso conversar com você.

Um pouco assustada, ela pergunta:

– O que houve? Algum problema? Fiz algo errado?

Ele sorri e diz:

— *No, no*, eu apenas quero conversar com você. É sobre trabalho.
Leonor lembra-se da mensagem do Mestre das Trevas.
Dirigem-se ao restaurante e, já acomodados e almoçando, sem rodeios, Charles começa a falar:
— *My darling*, como eu já disse para você, eu trabalho com comércio exterior. E estou me estabelecendo aqui no Brasil. Gostaria de contar com sua ajuda em meu trabalho.
Os olhos de Leonor brilham. Ela diz:
— Ai, amor, que máximo! Mas o que eu tenho de fazer?
— *Well...*
Ele abaixa a cabeça. Ela diz:
— Fala, homem!
Ele levanta a cabeça e diz:
—... Tem um grupo de empresários europeus chegando aqui essa semana. Eu preciso que você acompanhe alguns deles nas atividades.
— Ah, sim, como uma espécie de secretária deles?
— É... um pouco mais do que isso!
— Não entendi.
— Você ficará com um deles durante todo o fim de semana. Fará tudo o que ele pedir.
Leonor começa a suar frio.
— Você está querendo dizer que eu vou ter de...
Charles a interrompe e diz:
— Mil euros, meu amor. Ele paga mil euros. Você fica com 600 e me dá 400 euros. Se tudo der certo, em breve, estaremos na Europa e faturando por lá. Você é muito bonita, pode ganhar muito dinheiro.
Leonor sente raiva, sente vontade de dar uma sonora bofetada em seu namorado, mas, nesse instante, ouve a voz do Mestre das Trevas: "Não faças isso! És louca? Eu te disse para aceitares a proposta dele!".
Neste instante, sente seu peito em chamas. Seus olhos ficam vermelhos. Charles, boquiaberto, não entende aquela mudança e não sabe o que fazer. Ela sorri e diz para o namorado:
— Ok, meu amor, vamos ganhar muito dinheiro juntos!
Já em casa, ela pensa: "Meu Deus, o que estou fazendo? Isso não é correto, não fui educada para isso! Minha mãe morre de desgosto se chega a descobrir!".
E, imediatamente, ouve a voz do Mestre das Trevas: "Queres fama? Queres dinheiro? Como pretendes alcançar teus objetivos nesse mundo injusto? Nunca te deram o valor que merecias! Sempre foste

explorada nos trabalhos! Agora, eu estou te proporcionando a grande chance de tua vida!".

Leonor pensa: "É verdade, eu sempre fui injustiçada! É isso aí, não vou desperdiçar a chance!"

Um ano se passa, Leonor e seu namorado faturam muito no mercado do sexo.

Ela, a essa altura, já é sócia do namorado. Ainda faz alguns programas para clientes vips, mas passou a ser a responsável pela seleção e admissão de belas garotas para o empreendimento.

Dona Alcinda acha estranho o novo trabalho da filha que não tem escritório, não tem endereço fixo. Sempre que pergunta onde é o trabalho e exatamente o que Leonor faz, recebe um despiste como resposta:

– Ah, mãe, é turismo! Sabe como é, né? Tá vindo aí a Copa do Mundo no Brasil, as Olímpiadas, é a hora de fazer o pé-de-meia!

Tentando crer na filha, dona Alcinda diz:

– Que bom, filha! Que Deus a abençoe cada vez mais!

Leonor já pensa em comprar um apartamento fora da favela para morar com sua mãe. Porém, um certo dia, uma má notícia chega: Dona Alcinda está com câncer no estômago.

Leonor, desesperada, não sabe o que fazer. Fala com Charles, que lhe indica um médico amigo, na verdade um dos clientes de seu empreendimento.

Após a consulta, em uma conversa reservada com o médico, Leonor pergunta:

– Quanto custará esse tratamento, doutor?
– Vocês não têm plano de saúde?! – pergunta o médico, espantado.
– Não, doutor, não temos!
– Então, se prepare Leonor, será bem caro!
– Mas e se eu fizer um plano de saúde para ela agora?
– Leonor, sua mãe já tem idade avançada. Nenhum plano de saúde, ainda mais nas condições em que ela se encontra, aceitará vender um plano para sua mãe, ou até mesmo para você, colocando-a como dependente.
– Ai, doutor, me ajude! O senhor não me arruma algum esquema, alguma facilidade, um descontão que seja?

O médico, de forma fria e irônica, olha para Leonor e diz:

– Todas as vezes que eu solicitei seus serviços ou os de "suas meninas", nunca pedi desconto; até porque sei que não seria atendido. E sempre paguei bem caro.

Leonor, com raiva, olha para ele e diz:

– Está bem!

Levanta-se, chama sua mãe que está na sala de espera e ambas vão embora.

No início, Leonor tenta que sua mãe se trate pelo Sistema Único de Saúde, mas, após ver que ela morreria em uma das intermináveis filas de espera para fazer um exame (e tudo o que ela tinha de bom, segundo o que dizia para todos, devia à sua mãe), resolve bancar todo o tratamento.

Pensa: "Vou trabalhar mais e mais. Não apenas coordenarei e selecionarei as meninas. Farei programas como nunca fiz".

Pede ao namorado que a coloque como a número 1 do catálogo. Ciente da situação, assim ele procede.

Leonor começa a fazer programas todos os dias. Alguns dias, faz mais de um. E começa a ser a mais solicitada do catálogo.

Certo dia, ao telefone, um empresário diz a Charles:

– Quero aquela gostosona! Gringo, ela se transforma, os olhos dela mudam de cor! E eu só sei lhe dizer que ela é inigualável!

Charles, em seu íntimo, sente-se enciumado com os comentários que ouve. Ele realmente gosta de Leonor, mas sempre pensa: "Os negócios em primeiro lugar".

Mesmo tendo já alguma reserva financeira, o plano de comprar o apartamento é adiado. Leonor gasta muito no tratamento de sua mãe.

Após seis meses de tratamento, sua mãe é tomada por uma tuberculose e morre.

Leonor, sem chão, não sabe mais o que fazer. Pensa que pode contar com Charles, mas sente seu namorado cada vez mais distante. Vê que ele passa a engraçar-se por uma nova menina que ela selecionou. E, não bastando a perda da mãe, vê que está perdendo seu namorado gradativamente e sua posição nos negócios, pois Charles coloca Mariza, sua nova pupila, como a número 1 do catálogo.

Leonor, não querendo perder espaço, resolve conversar com Charles.

– Eu não entendo o que está acontecendo, meu amor.

Charles, simples e direto, diz:

– Achei que você fosse mais inteligente. Não percebe que não gosto mais de você?

Chorando, Leonor pergunta:

– O que essa mulher tem que eu não tenho?

– Não é melhor, Leonor, você se perguntar por que você não tem mais o que tinha? Os clientes estão reclamando de você. Você está feia, não é mais a mesma, emagreceu muito. E não fez nada para manter-se bonita.

Leonor vai embora chorando. Em casa, olha-se no espelho. E vê ali, pela primeira vez na vida, uma mulher horrível. Sempre foi tão vaidosa, sempre cuidou de seu corpo e agora estava irreconhecível, 15 quilos mais magra.

Durante aquela noite ela chora muito. Sente que tem algo incomodando, que não está bem de saúde.

Na mesma semana vai a alguns médicos. Resolve tratar-se com um pouco do dinheiro que ainda tinha, pois havia gasto muito com o tratamento de sua mãe e, ultimamente, estava faturando pouquíssimo, quase nada.

Após alguns dias, os resultados dos exames apontam que ela contraíra uma doença venérea e também anemia.

Desesperada, fica em casa, quase nunca sai. Não sabe o que fazer, sente-se perdida.

Em uma noite de sexta-feira, em casa, após ter passado o dia todo sem comer, bebe cerveja, vinho, uísque e cachaça. Bebe mais e mais como que para alimentar algo que cresce dentro dela.

Por volta da meia-noite, começa a gritar e a quebrar tudo dentro de casa. Joga as garrafas na parede, joga a televisão no chão. Urra muito, chora copiosamente. E grita:

— Eu não ia ficar rica e poderosa, Mestre das Trevas? Cadê você agora? Você não tinha ótimos planos para mim? Eu quero minha parte no nosso acordo!

Desmaia.

Acorda. Está deitada aos pés do trono do Mestre das Trevas. Às suas costas, está a mulher que serve a ele.

O Mestre das Trevas por alguns minutos olha-a fixamente nos olhos. Ela não sabe o que fazer, quer sair dali, mas não consegue desviar seus olhos dos olhos dele.

— Tu foste uma fraca! — sentencia o Mestre das Trevas.

— Eu fiz tudo o que o senhor pediu.

— Tu não fizeste tudo! Fizeste apenas uma parte, que, diga-se de passagem, me foi muito útil. Teu olhar macabro (produzido pelo talismã que coloquei em ti) enfraquecia os homens e, através do ato sexual, o talismã (que está ligado a mim) recolhia as vibrações necessárias para que eu reproduzisse clones daqueles homens aqui. São todos homens importantes: empresários, médicos, advogados. Agora estão todos ligados a mim, sob meu controle. Quando não servirem mais a mim no meio, morrerão e trabalharão para mim aqui embaixo — ele solta sua gargalhada. E prossegue: — Mas tu poderias ter feito muito mais, não fosse esse coração mole que possuis. Tanto isso é verdade que me vi obrigado a colocar outra em teu lugar!

Nesse instante, Leonor lembra-se de Mariza.

— Mas, Mestre, por favor, não me puna — ela chora muito, mal consegue articular as palavras. — Dê-me outra chance!

Ele coça a barba, aponta o cetro para ela e diz.

— Está bem! Eu te darei outra chance, mas terás de recomeçar por baixo.

— Como assim, Mestre?

— A função que te dei e não soubeste aproveitar, executarás durante um tempo aqui em meu reino.

Leonor fica pasma, não consegue responder, não consegue reagir. Ele prossegue:

— Alguns de meus escravos que aqui habitam há muito não têm sexo... coitadinhos! Tu serás a servidora deles.

A mulher aproxima-se de Leonor, pega-a pelo braço esquerdo e pergunta:

— Posso levá-la, Mestre?

— Sim — ele olha para Leonor e diz: — Eu não sou afeito a dar novas chances, mas estou abrindo essa exceção para ti. Aproveite-a — e solta a mais sonora de todas as gargalhadas que Leonor já ouvira.

A mulher carrega Leonor pelo braço, que fica em silêncio e não esboça reação alguma. A mulher, sem olhar para Leonor, diz:

— Não fique assim, novata! Eu também comecei assim, nessa função que você vai executar agora, e hoje sou o braço esquerdo dele.

Leonor continua em silêncio.

Ela passa a servir sexualmente a todos os homens, bichos, todos aqueles seres deformados que habitam naquele pedaço das trevas. Perde a noção de tempo, não sabe mais desde quando está ali. Vê seu corpo deformando-se, sua pele vai caindo. Mas não se sente mais tão desesperada, parece estar anestesiada com aquela situação, na verdade está começando a conformar-se.

A mulher aproxima-se do trono.

— Com licença, Mestre. O senhor pode falar agora?

— Fala, escrava, estou sem paciência hoje! E não venha com problemas!

— Não, meu senhor, apenas venho relatar a situação da novata.

— Hum... então, fala!

— O povo lá de fora está gostando dos serviços dela. Ela está se esmerando, outro dia ouvi dizendo a um deles que estava dando o melhor de si para voltar logo para o lugar dela.

Ele solta uma gargalhada e diz:

– Ela acha mesmo que sairá daqui? Deixe-a pensar assim e eu continuarei sugando suas energias.

Leonor está esgotada, completamente sem forças. Tenta caminhar, dá dois passos e cai de joelhos. Não tem forças para chorar, aliás, há muito suas lágrimas secaram.

De joelhos, passa a mão nos cabelos e percebe que eles estão caindo. Olha para suas mãos e só vê ossos, já não há mais pele em seus membros superiores. Quer caminhar, não consegue e, instintivamente, rasteja.

Após um tempo rastejando, vê uma poça de água suja. Não titubeia, enfia a cara na poça e bebe o que pode daquela água.

Rasteja mais um pouco e vê um facho de luz.

Pensa: "Será que é sol? Eu quero tanto ver o sol novamente!". E continua rastejando a caminho daquele facho de luz.

Quando chega o mais próximo que consegue da luz, fixa o olhar. Os raios de luz começam a tocar sua cabeça. Ela sente um lampejo de vida, sente como não se sentia há muito tempo. Permanece deitada, encosta a cabeça ao chão e deixa aquela luz penetrar por seu chacra coronal.

Começa a sentir-se um pouco mais forte, já consegue movimentar os braços sem peso. Chora, chora muito e, com aquele pouco de força que recebeu da luz, mas ainda com muito esforço, ajoelha-se e, de cabeça inclinada, grita:

– Meu Pai, por favor, me tire daqui! Deus Misericordioso, eu sei que o Senhor me escuta! Tenha piedade desta Sua filha!

E cai novamente, fica deitada. Alguns minutos se passam e ela ouve uma voz altiva, vindo da mesma direção de onde vinha a luz, dizer:

– Filha!

Ela levanta os olhos, vê um índio enorme, longos cabelos negros lisos, olhos negros, forte, carregando uma machada ao lado direito da cintura, montado em um cavalo branco. Ele diz:

– Venha, filha, você clamou e eu vim buscá-la.

– Mas eu não consigo me mexer.

Ele se aproxima dela, estende a mão e puxa-a para o lombo do cavalo. O cavalo sai em alta velocidade, guiado pelo Caboclo e com Leonor literalmente atirada às suas costas.

Em poucos segundos (sem que ela entenda como), eles já não estão mais nas trevas. Cavalgam por um belo campo. Ao longe, visualiza uma floresta.

Guiando o cavalo, olhando para a frente, o Caboclo diz:

– Eu sou o Caboclo Arranca-Toco, filha! Eu acompanho você há muito tempo. Você fez as escolhas erradas, mas, quando reconheceu que assim havia sido, mesmo estando no fundo das trevas, a Luz Divina amparou você. Saiba disso. Agora, estou levando você para um momento de grandes revelações.

Leonor escuta tudo o que o Caboclo Arranca-Toco diz com o coração. Não tem forças para falar, para responder, mas sente algo que não sente há muito tempo: amor.

Eles se aproximam da floresta. O Caboclo Arranca-Toco diminui a velocidade, entra na floresta a galope. É um conhecedor das entranhas daquela mata e guia o cavalo para algum lugar que Leonor desconhece. Chegam a uma clareira.

– Êêêê, cavalo!

Imediatamente o cavalo para. O Caboclo Arranca-Toco pega Leonor nos braços e desce do cavalo como que em salto flutuante. Carrega-a nos braços até o final da clareira, próximo a uma árvore.

– Okê! Saravá, Preta-Velha!

– Saravá, Caboclo Arranca-Toco! – responde a Preta-Velha.

Ainda muito fraca, Leonor fica olhando para aquela mulher. É uma Preta-Velha, gorda, de semblante alegre e jovial, apesar da idade avançada. Fuma um cachimbo curvo, usa um lenço branco na cabeça, tão branco que se confunde com seus cabelos. Tem a seu lado uma xícara de barro com café e também uma tigela com água e ervas.

O Caboclo Arranca-Toco prossegue:

– Missão cumprida, Vovó! Aliás, quase cumprida...

– É verdade, Caboclo! Traga-o aqui.

Nesse instante, o Caboclo Arranca-Toco encosta sua machada na terra, surge uma bola de fogo.

Leonor está sentindo-se um pouco mais forte, a luz do sol lhe faz bem, mas ainda assim está muito fraca.

Um menino negro aproxima-se e coloca-a sentada em um toco de árvore à frente da Preta-Velha.

A bola de fogo vai tomando forma humana, até que se transforma no Mestre das Trevas.

Leonor olha para trás e reconhece o homem macabro que destruíra sua vida. Mas está tão fraca que nem ódio por ele consegue nutrir.

A Preta-Velha olha para ele, pita seu cachimbo e diz:

– Deixe isso por nossa conta, filha! Descanse, temos muita coisa para fazer ainda.

O Mestre das Trevas está sem seu cetro, de cabeça baixa, fraco, irreconhecível para quem viu aquele maldoso homem em seus domínios.

Outros três Caboclos aproximam-se do homem das trevas, um posiciona-se atrás dele e os outros dois à sua direita e esquerda, respectivamente.

O Caboclo Arranca-Toco aponta sua machada para ele. Ele dá um salto para trás, como se tivesse levado um tiro no peito, e é segurado pelos outros Caboclos.

Começa a gemer de dor. Arranca-Toco diz:

– Há muito tempo você vem desafiando a Lei! Agora, você passou dos limites! Essa menina foi a gota d'água!

O homem das trevas, respirando com dificuldades, diz:

– Eu não fiz nada que eles não quisessem. Eles pediram. Eles procuraram as trevas.

O Caboclo Arranca-Toco, mais uma vez, aponta sua machada para ele. Ele se curva de dor, geme, berra e chora. O Caboclo diz:

– Você está entregue à Lei Divina – vira-se para a Preta-Velha e prossegue: – Com sua licença, Senhora Preta Velha, ele será entregue ao Sagrado Pai Ogum. Todos os que habitavam os domínios dele já foram entregues, mas, atendendo a seu pedido, o Sagrado Pai Ogum autorizou que eu o trouxesse até aqui para que ele fosse esgotado na sua frente.

– Muito obrigada, Caboclo Arranca-Toco! Eu necessitava que isso acontecesse na frente de minha menina. Isso vai ajudar bastante na recuperação dela.

Nesse instante, aproxima-se em um cavalo branco, vestindo uma belíssima roupa azul, um negro forte.

Os Caboclos saúdam-no:

– Ogum Iê, Meu Pai!

A Preta-Velha para de pitar seu cachimbo, abaixa a cabeça e, olhando para o chão, diz:

– Saravá, Meu Sagrado Pai Ogum!

O Orixá nada fala, apenas sinaliza com a mão esquerda para os Caboclos. De sua mão, surge uma corrente enorme, que voa até o homem das trevas e envolve-o todo. O Sagrado Pai Ogum amarra essa corrente a seu cinto e, sem falar nada, sai cavalgando campo afora, arrastando aquele homem das trevas.

O Caboclo Arranca-Toco diz:

– Agora sim, missão cumprida, Senhora Preta-Velha! Nós vamos embora.

– Podem ir, Caboclo, podem ir!

O Caboclo Arranca-Toco monta em seu cavalo e vai embora, enquanto os outros três Caboclos somem mata adentro.

Leonor, ainda cansada, consegue falar:

– O que aconteceu?

– Muitas coisas, filha! Mas, agora, vai ficar tudo bem. Você já está nas mãos da Negra Velha.

– Quem é a senhora?

– Eu sou sua Preta-Velha, sua guia espiritual. Eu cuido da filha, desde que a filha nasceu, sabe?

Leonor tenta falar:

– Mas... – e começa a chorar muito.

– Chora, filha, chora. Chorar é bom. As lágrimas, como as águas da cachoeira da Mamãe Oxum, levarão embora todo o peso que a filha está carregando. A filha vai se sentir mais aliviada.

Ainda nas trevas, Leonor mal conseguia movimentar-se, sentia um peso tomar conta de seu corpo e não conseguia chorar, estava seca. Agora, chora muito. Quanto mais chora, mais rapidamente seu corpo reconstitui-se. Ela não vê isso acontecer, mas sente-se melhor, sente-se cada vez mais viva.

Leonor para de chorar. A Preta-Velha pega-a com as duas mãos pelo rosto e diz:

– Olha em meus olhos, filha!

Ela fixa seus olhos nos da Preta-Velha, que pega um espelho redondo do chão e coloca-o em frente aos olhos de Leonor, que sorri.

– Tá vendo, filha? A filha recuperou a vida.

Vê seu rosto reconstituído. Ela olha para suas mãos e não vê mais mãos esqueléticas. Está de volta à sua forma, ainda muito magra, mas sente-se viva novamente.

Leonor abraça a Preta-Velha e diz:

– Muito obrigada, Vovó!

– Não precisa agradecer, filha, mas precisa ouvir umas coisas!

Leonor nada fala, apenas aguarda o que a Preta-Velha tem a dizer.

– Ambição, ganância e vaidade! Essas três palavrinhas levaram a filha para onde a filha foi parar. A filha deu um trabalho desnecessário para Negra Velha aqui e para seus outros guias. Tivemos de buscar a filha lá no fundo. Mais um pouco e a filha não teria mais salvação, sabe, filha?

Envergonhada, Leonor abaixa a cabeça.

– Olhe para Negra Velha, filha, eu ainda não acabei!

Leonor levanta a cabeça e olha nos olhos da Vovó.

– A filha nunca se conformou com o que o Sagrado Pai Oxalá deu! Sempre foi uma filha afortunada, mas nunca deu valor a isso, sempre insatisfeita! Tinha inveja das outras filhas, achava que tinha de ser a mais bonita. Acabou botando os pés pelas mãos.
– Mas é que...
– A filha sempre teve um bom coração. E foi por esse fiozinho que restou de bondade que a filha foi salva, viu o facho de luz. A filha tem de aprender que a felicidade não está em ter moeda, ter fama. A felicidade está na paz de espírito, filha! A passagem pelo plano dos encarnados na Terra é um aprendizado. A filha desperdiçou muito tempo com bobagens. Se a filha é bonita, por que nunca se satisfez com essa beleza que Deus deu? A filha nunca se aceitou negra como é! A filha deveria ter orgulho disso. Passou um monte de porcarias no cabelo, querendo ficar com o cabelo igual ao das outras filhas. A filha ficava disputando homem com as outras filhas, quando, se tivesse convicção da força que carrega, não precisaria disputar nada com ninguém. Se tivesse aprendido a ouvir o que eu sempre falei para filha, não tinha passado por tudo o que passou. Mas a vaidade não deixava a filha me ouvir. E foi isso que atraiu para seu lado aquele homem que nós prendemos.

A Preta-Velha puxa Leonor pela mão e diz:
– Vem cá, filha!

Andando encurvada, mas carregando a jovem, a Preta-Velha dirige-se até outro canto, próximo a uma árvore, e diz:
– Fica parada um pouquinho aí, filha!

Pega uma sacola branca de pano e dela retira quatro velas. Consagra as quatro e coloca-as acesas em cruz ao pé da árvore.
– Está vendo essas velas, filha?
– Estou, sim senhora!
– Todas elas têm um sentido na vida dos filhos, na sua também. A vela de cima, a branca, é o Sentido da Fé, é a vela do Sagrado Pai Oxalá. A de baixo, azul e branca, é o Sentido da Geração, da Sagrada Mãe Iemanjá. A da direita, marrom, é Sentido da Justiça, do Sagrado Pai Xangô. A da esquerda, azul-escura, é Sentido da Lei, do Sagrado Pai Ogum. Nós vamos trabalhar agora com essas velas, para que a filha recupere essas forças, esses sentidos e possa tocar a vida daqui para a frente.

Coloca Leonor no centro da cruz de velas, começa a fazer orações e comandos mágicos e, paralelamente, com uma vela branca na mão direita, vai cruzando a jovem. Depois, vai circulando o corpo de Leonor com a vela da cabeça aos pés e dos pés à cabeça.

Quando está cruzando a cabeça dela pela segunda vez, Leonor começa a sentir tontura e ânsia de vômito.

– Ai, meu Deus, vou desmaiar! Ai Vovó, vou vomitar!

Como que já esperando o que virá, a Vovó põe a mão um pouco abaixo do queixo de Leonor. Ela vomita o talismã preto, em quatro pedaços. A Preta-Velha aguarda um por um cair em sua mão. Leonor cambaleia, ameaça cair para trás, mas ali está o menino negro que auxilia a Preta-Velha.

– Pronto, filha, já terminou!

Ela retira Leonor do centro das velas e o menino leva-a novamente para o lugar onde estavam anteriormente.

A Preta-Velha coloca os restos do talismã no centro das velas, faz uma oração, quebra a vela que usou para cruzar Leonor em cima dos restos do talismã e fala para si:

– Pronto, a força desse amuleto do mal estará completamente esgotada quando essas velas apagarem.

E volta para seu toco, onde a aguardavam Leonor e o menino.

– Agora a filha está pronta, novinha em folha e vai saber tudo o que tem de fazer na vida. E não se esqueça, filha: sempre que precisar, chama pela Negra Velha. Acende uma vela de sete dias toda semana com um copo d'água para Negra-Velha, faz oração em frente à vela todos os dias e a filha vai começar a escutar o que a Negra Velha fala.

– Pode deixar, Vovó, minha vida mudará a partir de agora!

Dona Alcinda bate na porta do quarto. Leonor não responde. Ela abre calmamente a porta e fala:

– Minha filha, acorde. Vai dormir para sempre?

– Ai, mãezinha, já vou!

– Estou esperando você para o jantar. Já são 20 horas e você dormiu o dia inteiro!

Dona Alcinda volta para a cozinha.

Leonor levanta-se, vai ao banheiro, lava o rosto. Fixa seu olhar no espelho e pensa: "Nossa, que sonho estranho! Meu Deus, eu nunca havia sonhado algo assim! Alternou momentos de pesadelo e momentos maravilhosos! Mas eu entendi a mensagem. Preciso dar um rumo à minha vida. Chega de ouvir o que os outros dizem. Eu tenho é que seguir minha intuição. Vou seguir meus estudos, cuidar de minha mãe (que graças a Deus está viva!) e procurar ser, a cada dia, uma pessoa melhor neste mundo".

Leonor olha novamente para o espelho e vê, através dele, lá no fundo, a Preta-Velha sentada em um toco de árvore, pitando seu cachimbo e sorrindo para ela.

Banho de Humildade

Carmem foi visitar Karina naquele sábado. O dia estava lindo e ela pensou em convidar a amiga para ir à praia. Nos últimos tempos, mal tivera tempo para si. O ritmo de trabalho na produtora, naquele verão, fora alucinante.

Karina aguardava Carmem com ansiedade. Era jornalista, sua vida profissional era corrida também. Queria ver a amiga, trocar confidências como sempre fizera, queria desabafar, não aguentava mais guardar dentro de si todas aquelas angústias.

O porteiro do prédio anunciou a chegada de Carmem. Karina, alegre, abriu a porta, abraçou a amiga e disse:

– Ai, querida! Quanto tempo!

– É mesmo, não é? Nossa, como você está bonita! Emagreceu, né?

– Ah, nem me fale! São tantos problemas que acabei emagrecendo até mais do que eu desejava.

– O que houve?

– Muitas coisas, nega, muitas coisas!

Karina era uma mulher que atraía problemas com naturalidade.

No jornal onde trabalhava, conquistou um bom número de amigos e pessoas que simpatizavam com ela, mas conquistou um número maior de desafetos e pessoas que por ela não nutriam simpatia alguma. Principalmente entre os funcionários que estavam abaixo dela na hierarquia da empresa.

Estava sempre metida em alguma fofoca ou intriga. Não hesitava em dedurar um colega quando via algo que considerava errado.

Ou melhor, um colega pelo qual não nutrisse simpatia, pois, caso esse colega fosse um de seus amigos, fazia a popular "vista grossa".

Carmem, uma mulher tranquila, serena e espiritualizada, contrastava com o mundo louco em que vivia no trabalho. Era produtora de eventos, vivia em um ritmo frenético profissionalmente, mas, ao contrário da grande maioria de seus colegas, não vivia estressada, conseguia tirar tudo de letra. Em casa, sempre cuidava, como dizia, de suas coisas, acendia incensos, velas e não abria mão da fé naquele Preto-Velho que dizia ser seu "Anjo Protetor". Apesar de não frequentar templo algum, estudava muito e definia-se umbandista. Nutria um enorme gosto por essa religião, que definia com a seguinte frase: "A Umbanda sintetiza e expressa por meio da fé a cultura do povo brasileiro".

Carmem perguntou:

– Diga-me, querida, o que é que está incomodando você?

– Ai, Carmem, muitas coisas! Ai, tenho me sentido pesada às vezes, sabe? Eu ando rodeada de gente pequena, mesquinha, incompetente. É muita inveja, muito olho grande em cima de mim!

Carmem disse:

– Olhe, Karina, você sabe muito bem o que eu penso sobre isso, né?

– Sei sim. Você sempre bobalhona com essa história de velas. – dá uma risada. – Por um acaso você continua ainda falando com aquele velho preto?

Ofendida, Carmem respondeu:

– Não é velho preto, menina, é Preto-Velho! Saiba você que é um homem de muita, muita, mas muita luz mesmo! Você não tem noção da força que tem a palavra dele!

– Ah, tá! Se fosse ainda um barão rico, jovem e bonito, eu acreditaria.

– Não fale besteira, você está me ofendendo e ofendendo minha fé!

– Está bem, está bem, desculpa-me! Acho isso tudo uma loucura, mas respeito seus gostos. Cada um tem o seu, né?!

Carmem prosseguiu:

– Continue, explica-me direitinho o que está acontecendo com você.

E Karina começou a falar, reclamou de seus casos amorosos, da convivência com a maioria dos colegas no trabalho, das brigas com a mãe, o pai e os irmãos.

Carmem, enquanto ouvia, pensou: "Eu vou levá-la para falar com o Preto-Velho. Não tem outro jeito, mais um pouco e ela sucumbe na vaidade e na arrogância".

Quando Carmem foi embora, abraçaram-se. Carmem disse:

– Vou ligar para você amanhã. Vamos combinar um passeio. Eu estou a fim e você está precisando.

– Ok, aguardo você me ligar, amiga. Vê se não some, hein?

– Pode deixar, te ligo amanhã sem falta.

Já na rua, Carmem pensou: "Nossa, ela estava tão pesada, a casa dela estava tão carregada que tive de vir logo embora e até desisti de convidá-la para ir à praia!".

No dia seguinte, Carmem ligou e combinaram um almoço no sábado.

A semana transcorreu normalmente para ambas.

No sábado, encontraram-se em um restaurante de um shopping center que costumavam frequentar.

Carmem disse:

– Karina, hoje quero levar você para um passeio especial.

– Ih, você está muito misteriosa, mulher!

Ao final do almoço, dirigiram-se ao estacionamento do shopping center, onde estava o carro de Carmem.

No caminho, Karina perguntou:

– Amiga, para onde você está me levando?

– Calma, você já vai ver! Só posso adiantar uma coisa: é um lugar muito bom, lindo; tenho certeza de que você vai respirar um ar que não respira há muito tempo.

Karina silenciou, achou estranho aquilo tudo, mas sabia que de Carmem só poderia esperar coisas boas.

Carmem subiu um morro que Karina nem sabia que existia na cidade onde fora nascida e criada. Estacionou o carro próximo a uma floresta, desceu, olhou para Karina e perguntou:

– Você não vai descer?

– Se você me explicar o que estamos fazendo aqui nesse mato nojento, pode até ser que eu desça!

– Não fale assim, Karina! Olhe como você se refere à Natureza! Isso aqui é um santuário, sabia?

– Claro, aqui é sim um santuário... um santuário cheio de mosquitos! – respondeu Karina com ar irônico.

– Karina, confie em mim, desça e curta a aventura.

– Tá bom, eu desço, não tem muito jeito mesmo, já estou aqui. Vamos embora!

Contrariada, ela desceu.

– Siga-me – disse Carmem.

Caminharam por dentro da mata. Karina perguntou:

– Nossa, você anda aqui por dentro como quem anda em seu bairro. Você já veio aqui antes?

Carmem deu uma gargalhada e disse:

– Eu sempre venho aqui, já conheço esse caminho como a palma de minha mão.

Caminharam por aproximadamente dez minutos, quando se aproximaram de uma clareira. Ainda ao longe, Karina avistou uma humilde cabana de palha e, do lado de fora, sentado em um toco de árvore, um negro bem velho, cabelos e barba brancos, sacudindo o corpo, cantarolando baixinho uma música que ela não compreendia e fumando um cachimbo. Pensou: "Carmem, sua danada! Você me enrolou direitinho e acabou me trazendo aqui nesse lugar. Ai, que saco!".

Quando se aproximaram da casa, Carmem pegou Karina pela mão e acelerou o passo. Karina, já nem tão contrariada como outrora, estava gostando de respirar aquele ar e deixou-se levar pela amiga.

Chegaram em frente ao Preto-Velho. Carmem ajoelhou-se, beijou sua mão e disse:

– Sua bênção, meu Pai!

– Bença, minha filha! Saravá!

– Saravá, meu Pai! – disse Carmem. E prosseguiu: – Meu Pai, essa é Karina, minha amiga. Desculpa-me ter vindo sem avisar, mas eu queria muito que o senhor a conhecesse.

O Preto-Velho, pitando o cachimbo, levantou os olhos, mirou Karina, olhou-a firmemente e disse:

– Salve, minha filha!

Karina, confusa, desajeitada e sem saber o que fazer, disse:

– Boa tarde!

Carmem disse:

– Venha Karina, ajoelha aqui na frente dele para ele benzer você, conversar também.

Karina mal acreditava que estava ali, que teria de ajoelhar-se na terra. Isso a enojava. Pensou: "Eu mato a Carmem!".

O Preto-Velho disse:

– São esses pensamentos que estragam as pessoas dessa terra, sabe, filha? Pensamento negativo, desejando coisa ruim para seus irmãos. Isso não está certo e só estraga seu processo evolutivo, viu, filha?

Karina manteve-se em silêncio e pensou: "Nossa, esse homem lê pensamentos!".

O Preto-Velho disse:

– Negro Velho não lê pensamentos, filha! A filha é que fala as coisas com seus olhos.

Karina, ainda em silêncio, arregalou os olhos. O Preto-Velho prosseguiu:

– Filha, estenda suas mãos com as palmas para cima.

Karina fez exatamente o que o Preto-Velho pediu. Carmem pensou: "Quem te viu, quem te vê, hein amiga?! Tanta arrogância, tanta vaidade, e agora parece uma criança ajoelhada na frente do Preto-Velho!".

O Preto-Velho colocou as palmas de suas mãos sobre as de Karina, fechou os olhos, baforejou seu cachimbo e disse:

– Ê, ê! A coisa tá feia, hein, filha?

– Como assim? – perguntou Karina com a voz trêmula.

– A filha tem atraído muita energia negativa. A filha tá pesada, tá carregada, e a casa da filha também. Olha, filha, tem de controlar os pensamentos, porque pensamento negativo atrai energia negativa. Pensa em coisas boas.

– Ai, sabe o que é? Tem muita gente que me inveja. Principalmente lá no meu trabalho. As pessoas se mordem porque eu cresci rápido lá dentro, não aceitam. Ora, só cresci porque sou competente! Ai, sabe? Tem um menino lá que, tenho certeza, se puder, me tira de lá ou, pelo menos, faz de tudo para isso acontecer.

O Preto-Velho disse:

– E a filha é uma santa, né?

– Como assim? – perguntou Karina.

– A filha chega lá, sempre com um humor muito bom, dá bom dia para todos, fala docemente com a moça que limpa lá, irradia boas energias e bons pensamentos. Faz tudo isso, é benevolente, está sempre disposta a ajudar os outros e não sabe por que está se sentindo pesada, né, filha?

Karina, de olhos arregalados, não acreditava no que ouvia. O Preto--Velho prosseguiu:

– Que bom seria, né, filha, se fosse tudo do jeito que Negro Velho falou?! É uma pena que é tudo ao contrário! A filha precisa mudar de atitude, se quiser ser feliz e caminhar bem nessa vida, filha! A filha tem de ver todos como eles são: seus irmãos, filhos do mesmo Pai, nosso Divino Criador Olorum, o Deus do Universo!

Karina não conseguia mais olhar para o Preto-Velho, abaixou a cabeça, chorou copiosamente, soluçando. O Preto-Velho olhou para Carmem e disse:

– Filha, vai lá dentro de minha cabana e traz um copo d'água para ela. Também traz papel e lápis.

– Sim, senhor! – disse Carmem, dirigindo-se imediatamente à cabana.

Enquanto isso, com as mãos, o Preto-Velho imantou Karina, da cabeça aos pés.

Carmem retornou e deu o copo de água para Karina, que bebeu de um gole só.

O Preto-Velho olhou no fundo dos olhos de Karina e disse:

– Filha, Negro Velho podia fazer várias coisas aqui hoje. Podia tratar a filha com velas, com essências que tenho aqui, mas eu vou dar um banho para filha.

Karina disse:

– Ah, já ouvi falar, e a Carmem sempre me disse que têm banhos de ervas ótimos, que funcionam mesmo, né?

– Isso, filha!

O Preto-Velho fez um sinal para Carmem, que se aproximou e ficou de joelhos ao seu lado direito. Ele começou a sussurar algo no ouvido de Carmem, que ia anotando no papel.

– Pronto, meu Pai – Carmem alcançou o papel para o Preto-Velho, que acendeu uma vela branca e com ela cruzou o papel. Em seguida, baforejou seu cachimbo e passou o papel pela fumaça da direita para a esquerda e da esquerda para a direita consecutivamente.

Dobrou o papel, olhou para Karina e disse:

– Toma, minha filha, está aqui seu banho!

Karina, com o coração tomado por uma felicidade que nunca havia sentido, olhou para o Preto-Velho e disse:

– Muito obrigada, muito obrigada mesmo, meu senhor! Não tenho palavras para lhe agradecer!

– Não agradece, filha, Negro Velho está aqui para isso!

Karina abriu o papel, ficou olhando firmemente por alguns segundos, voltou os olhos para o Preto-Velho e disse:

– Mas aqui não está anotada a receita do banho, os ingredientes, a forma de fazer, só está o nome do banho.

– O que está faltando, filha?

– Está faltando aqui quais ervas deverei comprar, como deverei fazer.

— O que está escrito aí, filha?
— Só o nome do banho.
— Qual nome, filha?
— BANHO DE HUMILDADE.
— É isso mesmo, filha, não está faltando nada aí!
— Como assim, meu senhor?
— A filha, todos os dias antes de sair para seu trabalho, vai abrir esse papel e ler. Mas não só lá. Sempre que precisar, que se sentir pesada, que sentir que o ambiente não está bom, a filha abre o papel e lê: BANHO DE HUMILDADE. Isso é tudo o que a filha precisa.

Do Alto Daquela Montanha

Há milênios eu estava sentado àquela pedra, naquela montanha, a mais alta de todas as montanhas. Preto-Velho trabalha com o tempo, não é seu escravo nem o usa contra si.

Mas não havia apercebido-me de que tanto tempo se passara desde que eu chegara até aquele lugar.

Eu estava cercado pela história do mundo. Ao norte o horizonte, alguns quilômetros ao sul um vulcão adormecido, a leste a terra e a oeste o mar.

Olhei para a direita, vi a terra.

Naquela terra, vi homens primatas lutando pela sobrevivência, ainda de forma rude. Vi reis dominando seus povos de forma tirana, agindo como se fossem deuses. Vi o homem escravizando e exterminando seus irmãos, matando por motivos fúteis, roubando, sobrepondo-se a seus semelhantes. Vi nações exterminando-se em guerras inúteis, por ganância, ambição e sede de poder.

Pitei meu cachimbo e pensei: "Eles não sabem que tudo isso passará e a conta a ser paga virá. A justiça do Sagrado Pai Xangô é implacável!".

Vi todas as construções, de todos os tempos, sobre aquela terra.

Vi prédios modernos, os homens andavam engravatados, as mulheres elegantes, mas havia por ali também homens e mulheres humildes, sem oportunidade, sem perspectiva, andando de um lado a outro como se fossem robôs.

Olhei para a esquerda, vi o mar.

Vi os navios colonizadores chegando à América do Sul, entrando na "casa" daqueles nativos sem ao menos pedir licença e tomando conta de sua terra e de todas as suas riquezas.

Vi navios negreiros vindos da África com homens e mulheres acorrentados. Tinham um olhar sem perspectiva, como se fossem mortos-vivos.

Vi navios a serviço da ganância humana poluindo aquela água e destruindo-a. O petróleo valia muito.

Tentava entender como o homem se apoderava do que Deus deu a todos e capitalizava sem o menor problema de consciência.

Vi o homem jogando lixo ao mar e destruindo-o mais e mais a cada dia.

Pitei meu cachimbo e pensei: "O ser humano está destruindo a si mesmo e não percebe. Deus deu o mundo para que o homem cuidasse, mas ele está usando o que recebeu pensando apenas em seus interesses mesquinhos".

Olhei para o horizonte, vi o céu azul. Eu podia ver alguns anjos sobrevoando por ali.

Novamente pitei meu cachimbo e pensei: "Sinto que o fim dos tempos está chegando!".

De repente, olhei para a terra e vi construções de todas as épocas (prédios, castelos e casas) ao chão, completamente destruídas.

Vi homens e mulheres, pobres e ricos, empresários, mendigos, milionários, nobres, burgueses, reis e rainhas, intelectuais, cientistas, médicos, professores, advogados, crianças, soldados medievais, homens e mulheres das cavernas, gente de todos os tempos. Estavam mortos. Eram bilhões de cadáveres.

Solucei, quis chorar, mas segurei minha emoção.

Olhei para o mar, mas não havia mais mar. A água já não estava mais ali, apenas peixes, algas, baleias... todas as espécies marinhas estavam mortas, haviam sido extintas.

Sacudi o corpo, como que para segurar a emoção, curvei-me para a frente, pitei o cachimbo e chorei... chorei uma única lágrima que correu pelo solo da montanha e, ao chegar ao penhasco, foi levada pelo vento montanha abaixo.

A lágrima chegou até a Sagrada Mãe Iemanjá, que já a aguardava com as mãos elevadas e em forma de concha. A Sagrada Mãe Iemanjá jogou a lágrima para o mar, ou melhor, para onde um dia houvera mar.

A lágrima tocou o solo, expandiu-se, mas expandiu-se tanto que, em poucos instantes, havia novamente mar por ali.

Todas as espécies de vida marinha renasceram. Eu pitei meu cachimbo e sorri.

Mas lembrei-me da terra, já extinta, da humanidade que não mais existia.

Nesse instante, um trovão tomou conta do céu. O vulcão entrou em erupção e, paralelo a isso tudo, ouvi o som de uma enorme explosão.

Dessa explosão, ocorrida no interior do vulcão, saiu o Sagrado Pai Xangô. Era o Xangô Arcanjo, Xangô Aganju, que saiu dali voando com suas asas brancas enormes. Passou por sobre a montanha, pairou sobre a terra e fez com que aparecessem em suas mãos dois machados de madeira de duas faces.

Bateu um machado no outro, transformando-os em uma enorme bola de fogo.

Jogou-a ao chão, transformando-a em uma língua de fogo que, em poucos instantes, se espalhou por toda a terra e dela consumiu todos os restos de construções e todos os cadáveres, sumindo rapidamente no horizonte. A terra ficara ali, avermelhada, sem vida.

Triste e cabisbaixo, olhando para o chão, pitei o cachimbo e pensei: "A Sagrada Mãe Iemanjá trouxe o mar de volta, mas a terra agora não tem mais vida. O ser humano e suas obras foram embora".

Levantei a cabeça, olhei para a terra e tive uma grata surpresa.

Vi prédios modernos, suntuosos e exuberantes, carros que pareciam naves espaciais, alguns andavam sobre o solo e outros voavam mesmo.

Homens, mulheres e crianças, todos vestindo roupas brancas, em um sinal de paz, andavam pela Terra com um semblante alegre, sorriso nos lábios, amor no coração e ternura no olhar. Era um novo tempo.

Então, mais uma vez, sacudi o corpo, curvei-o para a frente, sorri, pitei meu cachimbo e pensei: "O ser humano recebeu uma nova chance".

MADRAS® Editora

Para mais informações sobre a Madras Editora,
sua história no mercado editorial
e seu catálogo de títulos publicados:

Entre e cadastre-se no site:

www.madras.com.br

Para mensagens, parcerias, sugestões e dúvidas, mande-nos um e-mail:

marketing@madras.com.br

SAIBA MAIS

Saiba mais sobre nossos lançamentos,
autores e eventos seguindo-nos no facebook e twitter:

@madrased

/madraseditora